汽车概论

技术·产业·文化

QICHE GAILUN JISHU CHANYE WENHUA

主　编　顾　丹　章　伟

副主编　唐先光　肖　红　罗森侨

　　　　张远亮　何小英　余　东

参　编　王正科　杨　敏

江苏大学出版社
JIANGSU UNIVERSITY PRESS
镇　江

图书在版编目(CIP)数据

汽车概论 ：技术 · 产业 · 文化 / 顾丹，章伟主编
. — 镇江 ：江苏大学出版社，2018.9(2024.8 重印)
ISBN 978-7-5684-0954-4

Ⅰ. ①汽… Ⅱ. ①顾… ②章… Ⅲ. ①汽车-文化
Ⅳ. ①U46-05

中国版本图书馆 CIP 数据核字(2018)第 218773 号

本书视频资料由作者收集整理并生成二维码，供出版社免费使用。为便于浏览，建议使用不同的扫码工具对比扫码。

汽车概论：技术 · 产业 · 文化

主　　编/顾　丹　章　伟
责任编辑/汪再非
出版发行/江苏大学出版社
地　　址/江苏省镇江市京口区学府路 301 号(邮编：212013)
电　　话/0511-84446464(传真)
网　　址/http://press.ujs.edu.cn
排　　版/镇江市江东印刷有限责任公司
印　　刷/苏州市古得堡数码印刷有限公司
开　　本/787 mm×1 092 mm　1/16
印　　张/11.25
字　　数/250 千字
版　　次/2018 年 9 月第 1 版
印　　次/2024 年 8 月第 5 次印刷
书　　号/ISBN 978-7-5684-0954-4
定　　价/40.00 元

前　言

汽车发明至今已有一百多年的历史,汽车产业对国家制造业的强盛、对科学技术的创新、对社会经济的发展都有着巨大的影响。人们对汽车的认识已不仅仅是把它看成交通工具和消费品,而且赋予其很多人文内涵。在汽车正在普及的中国,不论是在校大学生还是社会“爱车族”,对汽车所表现出的兴趣超过以往,人们渴望了解汽车的前身今世以及未来车轮生活的无尽可能,期望对汽车的技术、汽车的产业、汽车的文化有一个全面认知。

本书的编写旨在满足读者的知识需求,编写者努力呈现一本集知识性与趣味性于一体的关于汽车发展演变、技术知识、产业现状、文化扩展和未来畅想的汽车主题图书,为广大读者学习汽车基础知识,感受、传播和弘扬汽车文化提供一个易读易懂的参考资料。为此,本书将内容翔实、语言流畅、图文并茂、可读性强作为编写的着力点,并增加了许多微课视频,提供二维码扫描链接实现网络资源与图书互动,极大扩展了读者的视界。

全书共八章,涵盖了汽车发明和演变、汽车产业和文化、汽车品牌和企业、汽车运动与竞技、汽车技术与性能、新能源汽车及汽车未来等内容。书中吸纳了有关大学生汽车竞赛内容,以提升汽车类专业大学生读者的学习兴趣。同时,考虑到其他专业读者的需求,书中避免了过于专业化的技术知识解读,使之更有易读性普及性。因此本书适合作为汽车专业在校大学生的专业导读教材和其他专业的公共选修课程教材,也同样适合作为汽车行业从业人员及社会汽车爱好者知识普及读物。本书由四川城市职业学院的顾丹、章伟担任主编,肖红、罗森侨、何小英、唐先光、余东、张远亮参与编写工作,杨敏、王正科参与编校工作。本书参考和引用了业内前辈和同仁在一些书刊媒体上的精辟论述,在此表示诚挚敬意。同时,对在教材编写过程中精心审阅的汪再非老师表示感谢。

由于编者水平有限,且本书内容涉及知识面广,书中难免存在缺点和谬误,敬请广大读者批评指正。

前言

目　录

第1章

认识汽车

——熟悉的起点

△ 汽车是什么?

△ 汽车的前世今生

△ 汽车工业的发展

△ 了解你的汽车——特征参数与性能指标

汽车已经是现代生活的必需品,在今天,汽车对每个人而言都是再熟悉不过的生活和工作的工具。但究竟什么是汽车,汽车又是如何发展到今天这个样子呢?

1.1 汽车是什么?

1.1.1 汽车的定义

人们通常所说的汽车是指内燃机汽车,但如今的汽车也包括电动汽车和新能源汽车。作为全世界普及的一种交通工具,各国对汽车的叫法不一,仅英文里常用的词就有 automobile,motor,vehicle,car 等,日语里的汽车叫作"自动车"。

对于汽车的定义,各国也不一样。

美国:汽车是由本身携带的动力驱动(不包括人力、畜力和风力)、装有驾驶操纵装置的,在固定轨道以外的道路或自然地域上运输客、货或牵引其他车辆的车辆。

日本:汽车是不依靠架线和轨道、带有动力装置、能够在道路上行驶的车辆。

德国:汽车是使用液体燃料,由内燃机驱动、具有 3 个或 3 个以上轮子、用于载运乘员或货物的车辆。

中国国家标准 GB/T 3730. 1—2001《汽车和挂车类型的术语和定义》中对汽车做了明确的定义:由动力驱动,具有四个或四个以上车轮的非轨道承载的车辆。汽车主要用于:载运人员和/或货物;牵引载运人员和/或货物的车辆;特殊用途。对于与电力线相连的车辆(如无轨电车),整车整备质量超过 400 kg 的三轮车辆,也可作为汽车处理。

1.1.2 汽车的分类

1. 根据国家标准分类

根据国家标准 GB/T 3730. 1—2001《汽车和挂车类型的术语和定义》分类的规定,汽车可分为乘用车和商用车两大类。

(1)乘用车

乘用车(passenger car)是作为代步工具的车辆,是指在其设计和技术特性上主要用于载运乘客及其随身行李和临时物品的汽车，包括驾驶员座位在内最多不超过9个座位，它也可以牵引一辆挂车。乘用车的分类及基本特征见表1-1。

表1-1 乘用车的分类及基本特征

乘用车分类		基本特征说明				
		车身	车顶	座位数	车(侧)门数	车(侧)窗数
轿车	普通乘用车	封闭	硬顶	≥4	2或4	-
	活顶乘用车	可开启	硬顶/软顶	≥4	2或4	≥4
	高级乘用车	封闭	硬顶	≥4	4或6	≥6
	小型乘用车	封闭	硬顶	≥2	2或4	≥2
	敞篷车	可开启	软顶/硬顶	≥2	2	≥2
	仓背乘用车	封闭	硬顶	≥4	2或4	≥2
旅行车		封闭	硬顶	≥4	2或4	≥4
多用途乘用车		座位数不超过7个，多用途				
短头乘用车		短头				
越野乘用车		可在非道路上行驶				
专用乘用车		专门用途(救护车、旅居车、防弹车、殡仪车等)				

① 普通乘用车(saloon, sedan)：采用封闭式车身，侧窗中柱有或无；固定式硬顶车顶(顶盖)，有的顶盖一部分可开启；有至少两排、4个或4个以上座位，后座椅可折叠或移动，以形成装载空间；有2个或4个侧门，可有一后启门。

② 活顶乘用车(convertible saloon)：采用具有固定侧围框架可开启式车身，车顶(顶盖)为硬顶或软顶且有至少封闭和开启(拆除)两个位置，通过使用一个或数个硬顶部件和/或合拢软顶将开启的车身封闭；有至少两排、4个或4个以上座位；2个或4个侧车门，4个或4个以上侧窗(见图1-1)。

图1-1 活顶乘用车

③ 高级乘用车(pullman saloon)：采用封闭式车身，通常空间较大，前后座之间可以设有隔板；固定式硬顶车顶，有的顶盖一部分可开启；至少两排4个或4个以上座位，后排座椅前可安装折叠式座椅；有4个或6个侧门，也可有一个后开启门；6个或6个以上侧窗

(见图 1-2)。

图 1-2　高级乘用车

④ 小型乘用车(coupe):采用封闭式车身,通常后部空间较小,车顶为固定式硬顶,有的顶盖一部分可以开启;2 个或 2 个以上的座位,2 个侧门,也可有一个后开启门;2 个或 2 个以上侧窗。时尚的 Smart 轿车就是一款小型乘用车。

⑤ 敞篷车(convertible,opentourer):采用可开启式车身;车顶可为软顶或硬顶,车顶至少有两个位置,第一个位置遮覆封闭车身,第二个位置车顶卷收或拆除;至少一排,2 个或 2 个以上的座位,采用 2 个或 4 个侧门,2 个或 2 个以上侧窗(见图 1-3)。

图 1-3　敞篷车

⑥ 仓背乘用车(hatchback):采用封闭式车身,侧窗中柱可有可无;固定式硬顶车顶,有的顶盖一部分可以开启。至少两排 4 个或 4 个以上的座位,后座椅可折叠或可移动,以形成一个装载空间。2 个或 4 个侧门,车身后部有一仓门(见图 1-4)。

图 1-4　仓背乘用车

⑦ 旅行车(station wagon):采用封闭式车身,车尾外形可提供较大的内部空间;固定式硬顶车顶,有的顶盖一部分可以开启;至少两排 4 个或 4 个以上的座位,座椅的一排或

多排可拆除，或装有向前翻倒的座椅靠背，以提供装载平台；2 个或 4 个侧门，并有一后开启门，4 个或 4 个以上侧窗(见图 1-5)。

图 1-5　旅行车

⑧ 多用途乘用车(multipurpose passenger car)：多用途乘用车只有单一车室载运乘客及其行李或物品，分为 MPV 和 SUV 多用途乘用车。SUV 多用途乘用车就是一般说的城市越野车，在一定程度上既有轿车的空间舒适性又有部分越野车的行驶性能。

⑨ 短头乘用车：它一半以上的发动机长度位于车辆前风窗玻璃最前点以后，并且方向盘的中心位于车辆总长的前四分之一部分内(见图 1-6)。

图 1-6　短头乘用车

⑩ 越野乘用车(off-road passenger car)：越野乘用车在设计上所有车轮同时驱动(包括一个驱动轴可以脱开的的车辆)，其几何特性(接近/离去角、最小离地间隙等)、技术特性(驱动轴数、差速锁止机构或其他型式机构)和其他的性能(如爬坡度)允许在非道路上行驶(见图 1-7)。

图 1-7　越野乘用车

⑪ 专用乘用车：具备完成特定功能所需的特殊车身或装备以完成特定功能的乘用车，如：旅居车、防弹车、救护车、殡仪车等。

（2）商用车

商用车（commercial vehicle）是为商业运输目的设计生产的车辆，在设计和技术特性上针对运送人员和货物，并且可以牵引挂车。按用途分为客车、半挂牵引车、货车三大类（见表 1-2）。客车是在设计和技术特性上用于载运乘客及其随身行李的商用车辆，包括驾驶员座位在内的座位数超过 9 座，有单层的和双层的，也可牵引一挂车，客车还可以按照长度划分等级（见后文）。

表 1-2　商用车分类及基本特征

商用车分类		基本特征说明
客车	小型客车	载客，座位数不超过 16 座（除驾驶员外）
	城市客车	城市用公共汽车设有座椅及站立乘客的位置，并有足够的空间供频繁停站时乘客上下车走动用（见图 1-8）
	长途客车	长途客车为城市间运输而设计，没有专供乘客站立的位置
	旅游客车	旅游客车的布置要确保乘客的舒适性，不载运站立的乘客
	铰接客车	由两节刚性车厢铰接组成的客车（见图 1-9）
	无轨电车	经架线由电力驱动的客车
	越野客车	可在非道路上行驶的客车
	专用客车	专门用途的客车（见图 1-10）
半挂牵引车		装备有特殊装置用于牵引半挂车的商用车辆（见图 1-11）
货车	普通货车	在敞开（平板式）或封闭（厢式）载货空间内载运货物的货车。
	多用途货车	在驾驶座后带有固定或折叠式座椅，可载 3 人以上乘客的货车（见图 1-12）
	全挂牵引车	一种牵引牵引杆式挂车的货车
	越野货车	可在非道路上行驶（见图 1-13）
	专用作业车	特殊作业的货车（消防车、垃圾车、应急车、清洁车等，见图 1-14）
	专用货车	运输特殊物品的货车（罐式车、乘用车运输车、集装箱运输车等）

图 1-8　城市客车

图 1-9　铰接客车

图 1-10 专用客车（校车）

图 1-11 半挂牵引车

图 1-12 多用途货车

图 1-13 越野货车

图 1-14 专用作业车（除雪车）

2. 根据汽车用途的习惯分类分级

除了国家标准对汽车类型所做出的分类定义外，人们习惯上还按汽车的用途分类，分为轿车、客车、载货汽车、越野汽车、自卸汽车、牵引汽车、专用汽车等。

① 轿车：我国习惯上按轿车发动机工作容积（排量）分级，见表1-3。

表1-3 轿车分级（按发动机排量分）

轿车级别	微型轿车	普通型轿车	中级轿车	中高级轿车	高级轿车
发动机排量 V/L	$V \leqslant 1.0$	$1.0 < V \leqslant 1.6$	$1.6 < V \leqslant 2.5$	$2.5 < V \leqslant 4.0$	$V > 4.0$

欧洲车系将轿车按照A级、B级、C级、D级分类，其中A级车又可分为A00、A0和A三级，相当于我国微型轿车和普通型轿车；B级和C级分别相当于我国的中级轿车和中高级轿车；D级车相当于我国高级轿车。

美系轿车分级标准以轴距大小作为分级原则，见表1-4。

表1-4 轿车分级（按汽车轴距分）

轿车级别	微型轿车	次小型轿车	小型轿车	中型轿车	大型轿车
轴距 l/m	$l \leqslant 2.515$	$2.515 < l \leqslant 2.642$	$2.642 < l \leqslant 2.743$	$2.743 < l \leqslant 2.845$	$l > 2.845$

② 客车：客车乘坐9人以上的成员，主要用于公共服务。按照服务方式不同，客车的构造亦不同，客车可以按照长度划分等级，见表1-5。

表1-5 客车分级标准（按整车长度分）

客车级别	微型客车	轻型客车	中型客车	大型客车	特大型客车
长度 L/m	$L \leqslant 3.5$	$3.5 < L \leqslant 7$	$7 < L \leqslant 10$	$10 < L \leqslant 12$	$L > 12$

③ 载货汽车：载货汽车用于运载各种货物，在驾驶室内还可以容纳2～6个成员，俗称卡车。载货汽车按厂定最大总质量分级，见表1-6。

表1-6 载货汽车分级标准（按整车最大总质量分）

货车级别	微型货车	轻型货车	中型货车	重型货车
最大总质量 G/t	$G \leqslant 1.8$	$1.8 < G \leqslant 6$	$6 < G \leqslant 14$	$G > 14$

④ 越野汽车：越野汽车是一种能在复杂的无路地面上行驶的高通过性汽车。常见的越野车通常采用4轮或6轮驱动方式。

⑤ 自卸汽车：自卸汽车用于运输沙土、石块、矿物等货物。它具有自卸机构，能自动倾斜卸载货物。按货箱的倾斜方式分为后倾斜、三面倾斜和两侧倾斜三种。

⑥ 牵引汽车：牵引汽车是专门用于牵引挂车的汽车，通常可分为半挂牵引汽车和全挂牵引汽车。半挂牵引车后部设有牵引座，用来牵引和支撑半挂车前端。全挂牵引车本身带有车厢，其外形虽与货车相似，但其车辆长度和轴距较短，不承受挂车的垂直载荷，尾部设有拖钩。

⑦ 专用汽车：专用汽车是指装置专用设备，具有专用功能，用于承担专门运输任务或特种作业的汽车。专用汽车主要包括：娱乐汽车、竞赛汽车、特种作业汽车。

3. 根据汽车动力装置进行分类

① 内燃机汽车：常见的内燃机汽车是汽油车和柴油车。除此以外，还有液化石油气汽车、压缩天然气汽车、甲醇汽车、乙醇汽车等。

② 电动汽车：动力装置是电动机，一般用蓄电池或燃料电池给电动机供电。

③ 混合动力汽车：由内燃机和电动机联合提供动力的汽车。

④ 燃气轮机汽车：采用航空发动机或火箭发动机及特殊燃料，利用喷气反作用力驱动的发动机，主要用于赛车。

4. 按发动机位置及驱动形式分类

按发动机位置及驱动轴形式，汽车还可以分为：

① 前置前驱（FF）：发动机位于汽车前部，前轮驱动（见图 1-15）。

② 前置后驱（FR）：发动机位于汽车前部，后轮驱动（见图 1-16）。

③ 中置后驱（MR）：发动机位于汽车中部，后轮驱动（见图 1-17）。

④ 后置后驱（RR）：发动机位于汽车后部，后轮驱动（见图 1-18）。

⑤ 全轮驱动（AWD）：指汽车所有车轮都是驱动轮。

图 1-15　前置前驱汽车

图 1-16　前置后驱汽车

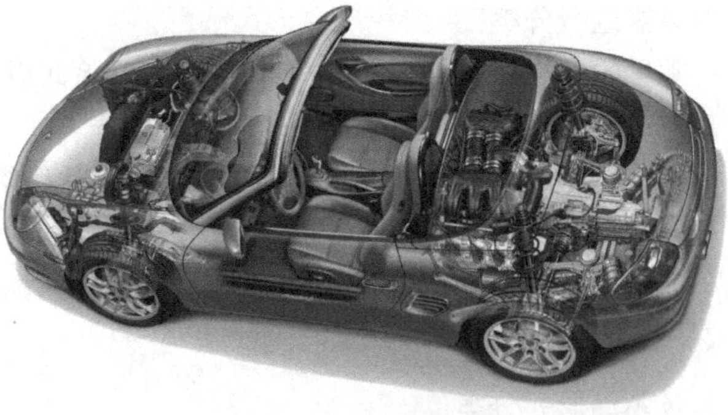

图 1-17　中置后驱汽车

图 1-18　后置后驱汽车

1.1.3　汽车的身份证——车辆识别代码 VIN

车辆识别代码 VIN（Vehicle Identification Number）是车辆生产企业为所生产的汽车指定的一组代码，VIN 制度也是目前国际通用的车辆识别制度和方法，我国从 1999 年后开始实行。

VIN 由 17 位字母和数字组成，经过排列组合，可以使各汽车制造企业生产的车型在 30 年之内不会发生重号现象，这很像我们的身份证不会产生重号一样，它具有对车辆的唯一识别性，因此 VIN 被比喻为汽车的“身份证”。

VIN 的组成结构分为三个部分（见图 1-19）：

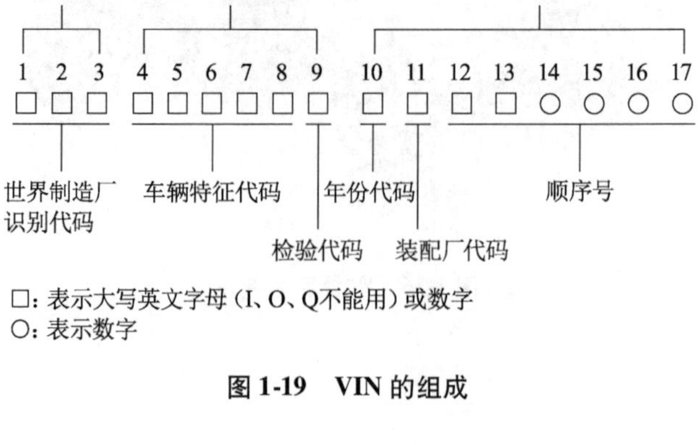

图 1-19　VIN 的组成

第一部分——世界制造厂识别代码（WMI），用来标识车辆制造厂的唯一性代码。

第二部分——车辆特征代码（VDS），由排在 VIN 的第 4 位到第 9 位，共 6 个字符组成，说明车辆的一般特性。该部分的最后一位（即第 9 位）为制造厂检验代码，由 0－9 中的任一数字或字母 X 标明，其作用是核对 VIN 码记录的准确性。如果制造厂不用其中一位或几位字符，应在该位置填入制造厂选定的字母或数字占位。

第三部分——车辆指示部分（VIS）是制造厂为了区别不同车辆而指定的一组字符，由排在 VIN 的最后 8 位字符组成，其最后 4 位字符应是数字。

例　某款车的 VIN 代码为 LZGJ19AGF00429，表示的信息标注在图 1-20 中。

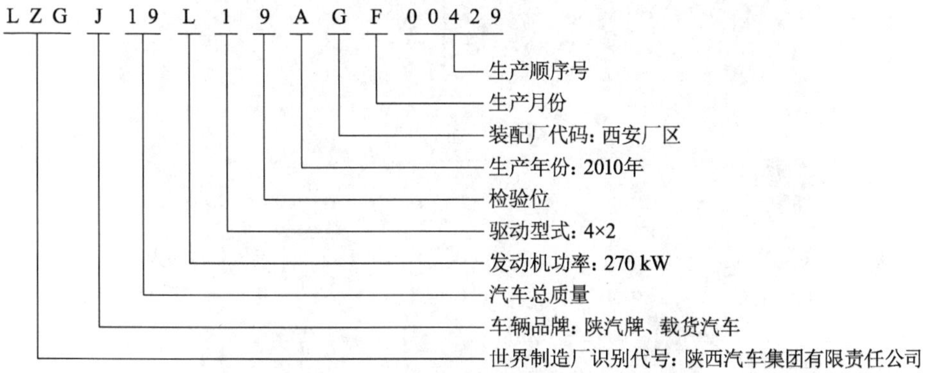

图 1-20　VIN 示例

1.1.4　汽车的构造

汽车主要由发动机、车身、底盘和电气四大部件系统组成（见图 1-21），这些大部件系统通常被称为总成。

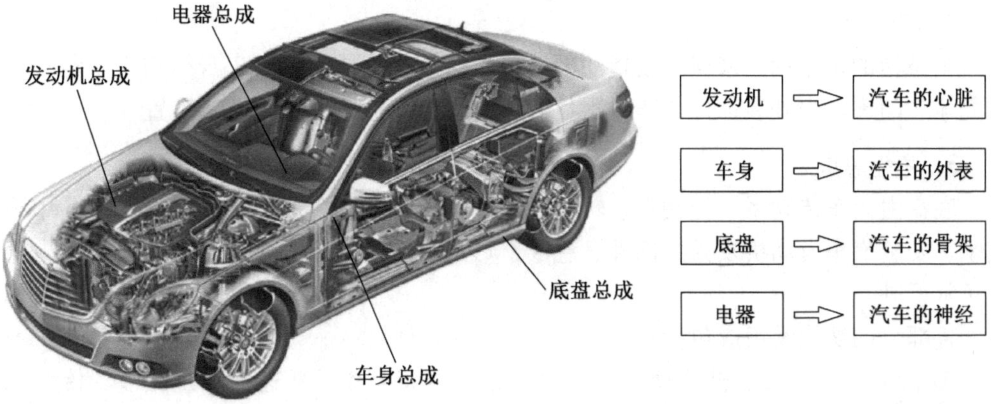

图 1-21　汽车的组成

1. 发动机总成

发动机为汽车提供动力，被誉为汽车的“心脏”（见图 1-22）。目前绝大多数汽车都采用往复活塞式内燃机作为动力装置，它由机体、曲柄连杆机构、配气机构、燃料供给系、冷却系、润滑系、点火系（点燃式发动机）、起动系等部分组成，常被称为两大机构与五大系统。

发动机结构

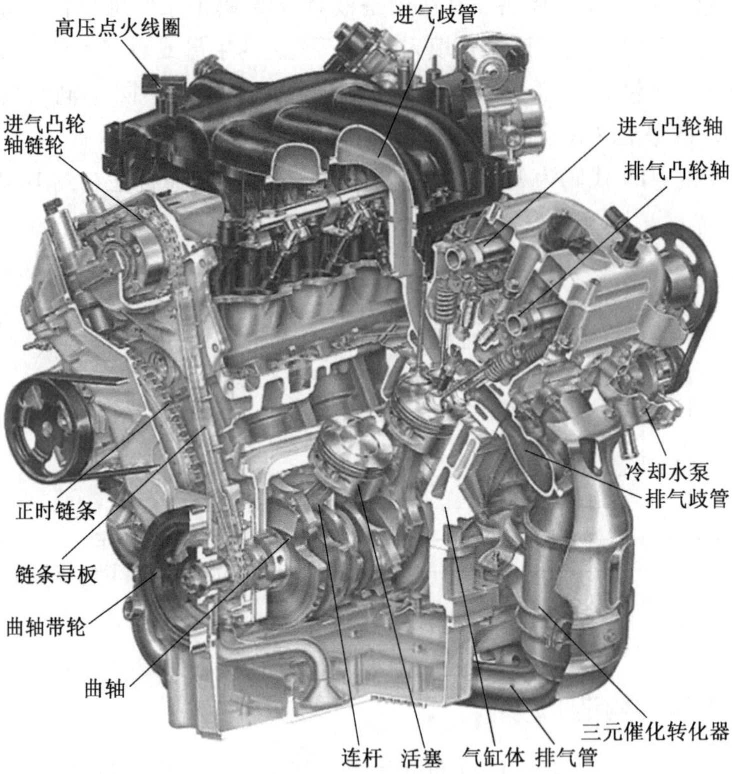

图1-22　发动机总成

2. 车身总成

车身指的是车辆用来载人装货的部分，也指车辆整体。汽车车身结构主要包括：车身壳体、门窗、内外装饰件、车身附件和座椅，以及通风、空气调节装置等。

3. 底盘总成

底盘由汽车传动系、行驶系、转向系和制动系四部分组成（见图1-23），其作用是支承、安装汽车发动机及其各部件、总成，形成汽车的整体支撑，传递发动机动力，保证正常行驶。

各部分的功能及组成包括：

① 传动系统将发动机的动力传给驱动轮，由离合器、变速器、万向节、传动轴和驱动桥等组成。

② 行驶系统将汽车各总成及部件连接成一个整体并对全车起支撑作用，保证汽车的正常行驶，由车架、车桥、悬架和车轮等部分组成。

③ 转向系统保证汽车能按照驾驶员选择的方向行驶，由方向盘、转向器、转向节、

转向节臂、转向拉杆等组成。

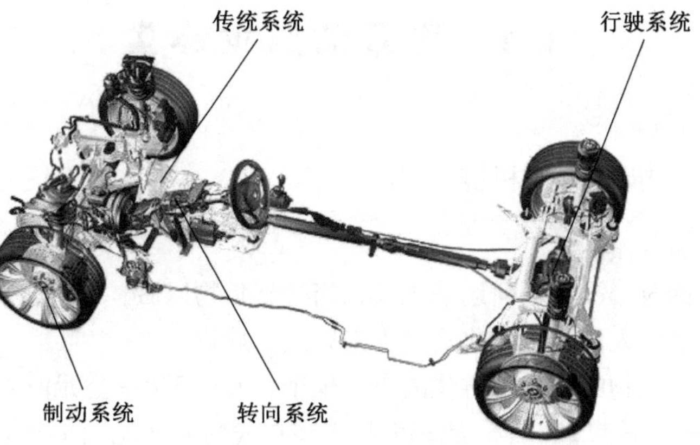

图 1-23　底盘总成

④ 制动系统使汽车减速或停车，并保证汽车能可靠地停驻，由前后轮制动器及控制装置、供能装置、传动装置等部件组成。

4. 电器总成

电气设备主要由电源组、发动机起动系、点火系、照明和信号装置等组成（见图 1-24）。此外，还包括在现代汽车上的计算机处理器、执行器、各种传感器等。随着电子信息技术的进步，汽车电气设备成本占总成本比例越来越高。

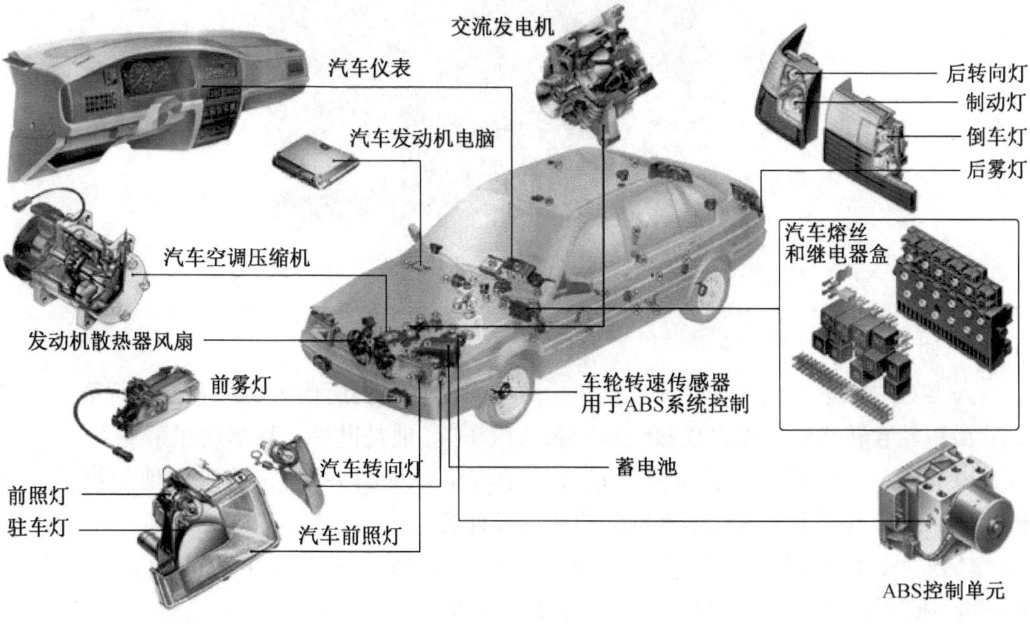

图 1-24　电器总成

1.2 汽车的前世今生

1.2.1 从人推马拉到机器动力

1. 马车时代仍未停止

人类社会开始时，没有任何运输工具，当打到猎物以后，人们全靠肩扛手拉等方式来完成运输。后来，人们开始驯化马、牛来载人、载物。

据典籍与出土文物的记载，古代战车出现于公元前770—公元前249年的春秋时代，到了公元前248—公元前207年，战车大量出现在战场上（见图1-25），到了公元13世纪左右，我国的马车制造技术已相当高超。

在公元13世纪左右，通过丝绸之路，中国高超的马车制造技术传入欧洲，在欧洲得到了推广和改良。很长一段时间里马车是各地的主要交通工具，即使在今天，仍有一部分人和一些场合在使用马车，例如，英国女王在节日出行时仍要乘坐马车。

图1-25 古代战车

2. 对“汽车”的畅想

人类对“汽车”的向往由来已久。公元7世纪，我国唐代天文学家僧一行第一个提出“激铜轮自转之法，加以火蒸汽运，名曰汽车”。他是世界上汽车设想第一人。

15世纪，意大利达·芬奇开始设计发条汽车（见图1-26），后人称他为汽车、飞机、潜水艇、自行车及蒸汽车等机械的初始设计者。

1649年，德国的钟表匠汉斯·赫丘成功试制出一辆发条驱动的四轮车（见图1-27），速度为1.6 km/h，每走230 m要上一次发条。

1600年，荷兰物理学家西蒙·斯蒂芬在双桅帆船上安装了木质车轮，凭借风力驱动帆车在路上前进，车速达24 km/h（见图1-28）。

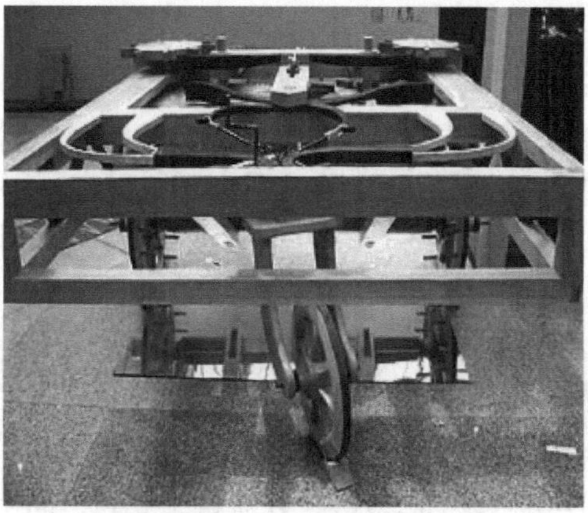

图 1-26　达·芬奇设计的发条车

图 1-27　发条驱动四轮车

图 1-28　双桅风力帆车

3. 蒸汽汽车的发明

世界上最早的蒸汽汽车是 1769 年由法国的陆军技术官尼古拉斯·约瑟夫·库诺制造的。库诺生于 1725 年，是法国炮兵大尉，在法国陆军大臣资助下，经过 6 年的研究，成功制造出世界上第一辆完全依靠自身动力行驶的蒸汽汽车（见图 1-29）。这是一辆三轮汽车，木制车身，车上装用的是双活塞蒸汽机，是库诺根据法国物理学家巴本的理论独立设计的，锅炉后面装有两个容积为 50 升的气缸，由蒸汽推动里面的活塞上下运动，然后通过连杆传递给前轮，使车轮转动，最高速度 4 km/h，每行驶 15 min 停车一次，加热 15 min 后再继续行驶。1771 年，库诺又研制成功了更大型的蒸汽机汽车，行驶速度增加到 9.5 km/h，可牵引四五吨的货物。

图 1-29　蒸汽汽车

4. 内燃机汽车的诞生

1860 年，法国工程师雷诺尔制成用电火花点燃煤气和空气混合物的煤气机；1876 年，德国发明家尼古拉斯·奥托制成一台往复活塞式、单缸、卧式、3.2 kW 的四冲程煤气内燃机；再到 1883 年，德国的汽油机发明家哥特里布·戴姆勒与威廉姆·迈巴赫合作，成功制造出世界上第一辆四冲程往复式汽油机，在 1885 年，他俩又研制出世界上第一台风冷立式单缸二冲程内燃机，功率达到 809 W。

人们一直尝试将内燃机用于交通运输，1885 年 8 月，迈巴赫将风冷立式单缸二冲程汽油机装载在两轮自行车上，制成世界上第一辆摩托车（见图 1-30）；1886 年 1 月 29 日，德国工程师卡尔·本茨将单缸水冷四冲程汽油机装在一辆三轮汽车上，发动机转速达到 300 r/min、功率 647 W（见图 1-31），并获得了专利；同年，德国发明家戴姆勒制造了第一辆四轮汽车，该汽车采用单缸四冲程水冷汽油机，功率 1.1 kW，最高车速达 14.4 km/h（见图 1-32）。后来为了纪念汽车的发明者，人们将戴姆勒与卡尔·本茨共同称为“汽车之父”。

图 1-30 世界上第一辆摩托车

图 1-31 世界上第一辆三轮汽车

图 1-32 世界上第一辆四轮汽车

1.2.2 车身外形的演变

在汽车诞生的一百多年时间里，汽车结构特别是车身造型经历了马车形车身、箱形车身、甲壳虫形车身、船形汽车、鱼形汽车、楔形汽车等演变过程。

1. 马车形车身

早期的轿车车身沿用了马车车身结构，整个车身以木材为主，当时的人们把这个时期的汽车称为无马的“马车”，图 1-33 所示的是为摩洛哥王族生产的马车形汽车。

图 1-33　马车结构的车身

2. 箱形车身

美国福特汽车公司在 1915 年生产出一种不同于马车结构的汽车，其外形特点很像一只大箱子，并装有门和窗，人们称这类车为“箱形汽车”（见图 1-34）。因这类车的造型酷似欧洲贵妇用于结伴出游和在其他一些场合使用的人抬轿子式轻便轿椅，所以它在商品目录中被命名为“轿车”。封闭的车身让人们不用再受天气的影响，可以随时出行。不过作为高速运动的车辆，箱形车身的汽车并不很理想，因为它的空气阻力大大阻碍了汽车的前进。

图 1-34　箱形车身的汽车

3. 甲壳虫形车身

箱形车身很突出的问题是车身空气阻力大，影响汽车行驶速度的提高。1934 年美国密歇根大学雷伊教授采用风洞及模型汽车，测量了各种形状车身的空气阻力系数，结果显示流线型车身具有最低的空气阻力，利于提高车速。

真正把流线型车身推向应用的是受德国汽车制造联合会委托的著名汽车设计师费迪南德·波尔舍。1934 年他设计了一款大众品牌的汽车“甲壳虫”（见图 1-35），1935 年样车下线，搭载了改进型空冷 700 毫升直列 4 缸发动机。由于其设计呈流线形，且风阻小，外观时尚，价格也有优势，受到人们欢迎，成为汽车史上的一个经典造型。

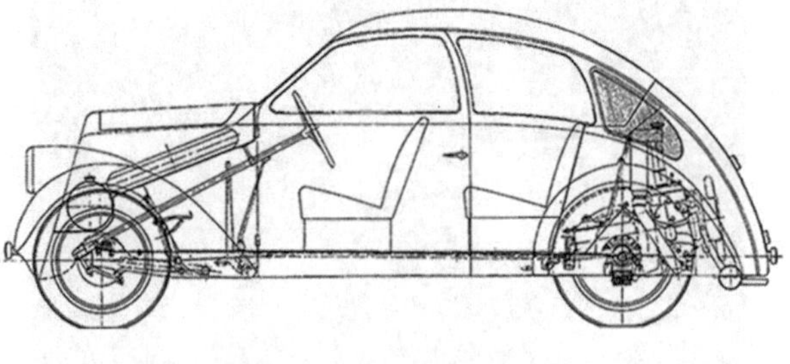

图 1-35 “甲壳虫”汽车

即使在今天，新甲壳虫汽车的车身仍然保持了老甲壳虫的独特造型比例，并且经过现代化的设计手法演绎，让其更富有时尚气息。圆形的车头、拱形车顶，以及圆润的车尾和轮罩，加上精心匹配的车灯，让新甲壳虫不仅充满了古典韵味，而且表达了时尚的活力，让人们看到经典也是一种时尚。

4. 船形汽车

在第二次世界大战期间，由于战争需要，开始了人机工程学的系统性研究与应用。而在战后，福特汽车公司就把人机工程学引入车身的设计中。1949 年，该公司的 V8 轿车首先开发了船形车身的造型，外形上明显地分为发动机室、乘客室、行李箱三个部分，中部突出，就像一条船，故称之为船形汽车（见图 1-36）。船形车身的重要意义是开始应用人机工程学来设计车身，把发动机位置设计在前部、行李舱在后部，而乘坐位置放在振动最小的汽车中部，还取消了脚踏板和单独的翼子板，扩大了汽车的内部空间，同时也减少了汽车侧面的空气阻力。

图 1-36 船形汽车

5. 鱼形汽车

由于船形汽车尾部过长，形成了阶梯状，高速行驶时会产生较强的空气涡流，影响车速的提高。汽车设计师发现，如果把汽车后窗倾斜，形成斜背式，类似鱼形，这样风阻和涡流阻力都比较低，所以被称为鱼形汽车（见图 1-37）。

图 1-37　鱼形汽车

鱼形汽车保留了甲壳虫汽车以及船形汽车的优势，但同时也有与甲壳虫汽车一样的缺陷：横风稳定性差。为了解决这个问题，工程师们在车辆尾部增加了一个尾翼，以提供一定的下压力，所以这种造型又被称为鱼形鸭尾式造型（见图 1-38）。

图 1-38　鱼形鸭尾造型车身

6. 楔形汽车

楔形造型在赛车上得到广泛应用（见图 1-39），因为赛车首先考虑流体力学（空气动力学）等问题对汽车的影响，车身可以完全按楔形制造，而把乘坐的舒适性作为次要问题考虑。楔形造型对于高速汽车来说，无论是从其造型的简练、动感方面，还是从其对空气动力学的考虑方面，都比较符合设计师的要求，具有极强的现代气息，给人以美的享受和速度的快感。

火箭汽车

图 1-39　楔形汽车造型

1.3 汽车工业的发展

1.3.1 世界汽车工业的格局演变

世界汽车工业的格局演变可以概括为：诞生于德国，成长于法国，成熟于美国，兴旺于欧洲，挑战在亚洲。

1. 汽车诞生于德国

德国是现代汽车的发祥地，也是生产汽车历史最悠久的国家。

◆现代汽车发动机的发明地

1876 年，德国人奥托发明一台往复活塞式汽油机。

1892 年，德国人狄塞尔发明了柴油机。

◆现代汽车的诞生地

1886 年，德国工程师本茨取得了世界上第一辆三轮汽车专利。

1886 年，德国发明家戴姆勒制造了世界上第一辆四轮汽车。

◆世界最早的汽车制造公司

1883 年，本茨成立了世界上第一家汽车制造公司。

1890 年，德国戴姆勒汽车公司创立，1901 年第一辆梅赛德斯轿车（见图 1-40）诞生，年产 96 辆。

图 1-40　第一辆梅赛德斯轿车

◆世界最早批量生产汽车的国家

1894 年，奔驰公司开始生产 Velo 牌汽车，至 1899 年累计生产了 1 200 辆，是当时第一款大量生产的汽车，1899 年年产量已经达到 572 辆，成为当时世界上最大的汽车制造商。

2. 汽车工业成长于法国

法国的社会经济环境较好，财力雄厚，修建公路网，举行汽车赛，再加上奔驰和戴姆勒公司把大部分生产转移到法国，因此从 1891 年起，法国占据了汽车制造的领先地位。

◆较早出现了一批著名的汽车及配件公司

1889 年，法国米其林公司成立。

1896 年，法国标致汽车公司成立。

1898 年，法国雷诺汽车公司成立。

◆法国人善于学习和创新

1887 年，法国的潘哈德 · 乐瓦索公司购买了戴姆勒的许可证，开始生产汽车。1891 年，对戴姆勒的汽车进行了改进，采用了前置发动机后轮驱动的标准形式，被全世界广泛仿效。

1889 年，法国标致公司成功研制了齿轮变速器和差速器。图 1-41 是该公司 1891 年安装了四挡变速器的标致Ⅲ型汽车。

汽车经典

图 1-41　标致Ⅲ型汽车

1895 年，法国人米其林兄弟发明充气式橡胶轮胎，为汽车工业做出了巨大贡献。

1898 年，法国雷诺汽车公司将万向节首先应用于汽车传动系中，还发明了锥齿轮式主减速器。

1902 年，鼓式制动器专利由法国人雷诺获得；后桥独立式悬架被法国人应用于赛车，汽车性能得到进一步提高。

◆法国的汽车产量增长迅速

1900 年，标致汽车公司第 1 000 辆汽车下线。

1904 年，法国汽车厂达 350 家，年产量达 17 000 辆。

3. 汽车工业成熟于美国

美国人口众多，地大物博，随着社会经济的发展，美国对汽车的需求量越来越大，美国三大汽车公司（福特、通用、克莱斯勒）先后创立，为汽车工业的迅猛发展创立基本格局。

1918 年，美国登记客车数超过 500 万辆，居世界第一。

1920 年，美国每 7 个人就拥有一辆汽车，普及率居世界第一。

1939 年，美国汽车产量达到 750 万辆，居世界第一。

◆福特汽车公司——汽车生产流水线的鼻祖

1903 年，福特（Ford）汽车公司诞生。为实现“让汽车成为广大群众的需要”的目标，福特汽车公司积极研制结构简单、实用、性能完善而售价低廉的普及型轿车。1908 年 10 月，福特汽车公司正式投产 T 型汽车，并在 1913 年创建世界上第一条汽车装配生产流水线，以产品系列化和零件标准化实现了大规模工业生产管理方式的革命（见图 1-42）。1914 年，福特汽车公司年产量达到 30 万辆，1926 年达到 200 万辆，而每辆汽车售价由首批的 850 美元下降到 1923 年的 265 美元。到 1929 年 T 型车停产时，总共生产了 1 500 万辆。福特 T 型车使汽车在美国得到了普及，让汽车进入了普通的美国家庭。福特生产 T 型车的经验为世界汽车工业的发展奠定了基础，因此，福特汽车公司被誉为“汽车现代化的先驱”。

图 1-42　早期福特汽车生产流水线

4. 汽车工业兴旺于欧洲

二战结束后，欧洲的许多汽车公司也开始了废墟上的重建。

当时，美国汽车车型较大，油耗高、价格贵，很难让普通消费者接受，针对美国车的缺点，欧洲许多公司开发了更为经济的小型汽车，比如法国雷诺汽车公司开发的四缸 0.76 L 排量 4CV 型轿车（1946 年，见图 1-43），法国雪铁龙公司开发的 0.375 确 L 排量的 2CV 微型轿车（1948 年，见图 1-44）。在 1939—1973 年期间，德国大众汽车公司投产了 1.192 L 排量的甲壳虫牌汽车，前后共生产了 2 150 万辆，创造了单产世界纪录（见图 1-45）。1959 年，英国罗孚公司开发了迷你（Mini）微型汽车（见图 1-46），整车质量仅 608 kg，售价 790 美元，在后来的 40 年售出超过 500 万辆。1973 年大众汽车公司又开发出排量仅 1.1L 高尔夫轿车，由于高性价比深受人们欢迎。经济型小轿车的成功使得汽车工业在欧洲再次兴旺。

图 1-43　法国雷诺公司开发的 4CV 微型轿车

图 1-44　法国雪铁龙公司开发的 2CV 微型轿车

图 1-45　德国大众公司开发的甲壳虫汽车

图 1-46　英国罗孚公司的迷你牌轿车

5. 汽车工业创新挑战在亚洲

◆精益的生产方式——日本汽车工业的腾飞

日本汽车工业在 20 世纪 50 年代形成完整体系，20 世纪 60 年代是其突飞猛进的时期。20 世纪 60 年代正当美国与欧洲的汽车工业激烈竞争的时期，日本推行了终身雇佣制及全面质量管理（TQC），促进了劳动者与管理者之间的相互信任，提高了人员素质，调动了积极因素，使工业发展出现了飞跃。特别是汽车工业，产生了著名的丰田精益生产方式，在生产组织管理上的突破让高质量、低消耗、廉价精巧的日本汽车享誉全世界。日本汽车产量在 1961 年超过意大利跃居世界第五位；1965 年超过法国居第四位；1966 年超过英国升为第三位；1968 年追上德国居世界第二位。

日本对世界汽车工业的最大贡献就是开创了精益生产方式，就是用精益求精的态度和科学的方法来控制和管理汽车的设计开发、工程技术、采购、制造、储运、销售和售后服务的每一个环节，以最小的投入创造出最大的价值。这其中的每一个环节，以及各个环节之间的衔接都是经过精心筹划和计算的。像丰田生产方式、日产汽车公司的活动看板生产方式、五十铃公司的流通生产法等先进生产方式，广泛被各国所学习和仿效。

1980 年，日本汽车产量首次突破 1 000 万辆大关，达到 1 104 万辆，一举击败美国成为世界第一。到 1987 年，日本汽车的年总产量占世界年总产量的 26. 6%，而美国和西欧四国分别占 23. 7% 和 24. 8%。日本已然成为世界汽车工业的一个中心。

◆韩国汽车工业异军突起

20 世纪 80 年代，韩国汽车工业利用学习、消化国外生产技术和实现主要技术的国产化，使其汽车工业得到了飞速发展。美国在 1900—1950 年，用了 50 年才成为世界汽车强国，日本在 1950—1980 年，用 30 年成为汽车大国，韩国在 1980—1997 年，仅用了17年便成为廉价车之王，韩国也一跃成为世界汽车生产大国。

韩国最早从事汽车生产的公司是起亚汽车公司。起亚汽车公司始建于1944年12月，但第二次世界大战后，由于政治局势动荡，公司长期处于不景气的状态。韩国汽车公司的真正起步是在20世纪60年代初，各汽车厂商以进口零部件组装生产整车的方式开始试制汽车，直到1970年，韩国的汽车年产量仅为2.8万辆。20世纪70年代较好的经济状况为汽车工业发展提供了良好环境，1973年韩国政府实行汽车国产化政策，各汽车公司开始大规模引进国外生产技术，现代汽车公司引进日本三菱公司发动机、传动系和底盘技术，1975年便开始自己开发生产汽车，并大量向非洲出口。大宇汽车公司于1972年与美国通用汽车合资，1990年第一辆自主设计的国产车“王子”推出并在市场上取得成功。

汽车的国产化政策使韩国的汽车工业获得了飞速的发展。1985年，韩国的汽车年产量为37万辆，1986年达到60万辆，1989年年产量为113万辆，1990年年产量达到132万辆。在随后的5年时间里，年均增长率基本保持在15%左右，1995年达254万辆。

1.3.2 中国汽车工业的发展

中国汽车工业的发展历程可分为创建、成长、全面发展和高速增长四个阶段。

1. 创建阶段（1949—1965年）

1953年7月15日，第一汽车制造厂在长春动工兴建，1956年7月13日国产第一辆“解放”牌汽车（见图1-47）驶下总装线，结束了中国不能自己制造汽车的历史。1958年5月生产出第一辆“东风”牌轿车（见图1-48），同年8月生产出第一辆“红旗”牌轿车（见图1-49）。1965年底，全国民用汽车保有量近29万辆，其中国产汽车17万辆（一汽累计生产15万辆）。1966年以前，汽车工业共投资11亿元，形成“一大四小”5个汽车制造厂，年生产能力近6万辆、9个基本车型。

图1-47 第一辆“解放”牌汽车

图1-48 第一辆“东风”牌轿车

图1-49　第一辆“红旗”牌轿车

2. 成长阶段（1966—1980年）

在这个历史阶段，主要是以生产中、重型载货汽车和越野汽车为主，同时发展矿用自卸车。在此期间，一汽、南汽、上汽和济汽等老厂投入技术改造扩大生产能力，并承担支援三线汽车厂的任务；地方发展的汽车工业，几乎全部仿制国产车型；改装车生产向多品种、专业化发展，生产厂接近200家。1966—1980年生产各类汽车累计163.9万辆。1980年，生产汽车22.2万辆，全国民用汽车保有量169万辆，其中载货汽车148万辆。

3. 全面发展阶段（1981—1998年）

在改革开放方针指引下，汽车工业进入全面发展阶段，主要体现为：老产品（如解放、跃进和黄河等品牌）升级换代，结束30年一贯制的历史；调整商用车产品结构，改变“缺重少轻”的生产格局；建设轿车工业，引进资金和技术，国产轿车形成生产规模；行业管理体制和企业经营机制进行改革，汽车品种、质量和生产能力大幅提高。

4. 高速增长阶段（1999年至今）

在此期间，我国的汽车工业尤其是轿车工业发展迅速，科技进步显著，整车技术性能特别是环保指标大幅度提高；新能源汽车发展水平居国际前列；与国外汽车巨头的合作明显加快，与国外企业的资金、技术和管理的融合不断加深。经过十几年的发展，如今初步形成了“3+X”的格局，“3”是指一汽、东风、上汽3家企业为骨干，“X”是指广汽、北汽、长安、奇瑞、吉利等一批企业。中国汽车工业已经进入以大集团为主的规模化、集约化的产业新格局，并已成为世界第三大汽车生产国，成为世界汽车工业的重要组成部分。

1.4 了解你的汽车——特征参数与性能指标

1.4.1 汽车的主要特征参数

1. 汽车的质量参数

① 汽车的整车整备质量:

所谓汽车的整车整备质量，是指汽车按出厂技术条件已装备完整后，各种油、水添满后的质量，即俗称的自重。

② 汽车的装载量:

乘用车和商用车中的客车以额定座位数（载客量）计装载量；商用车中的载货汽车以其在良好的硬路面上行驶时额定的最大货物装载质量计。

③ 汽车总质量实际是整备质量与额定载重量之和。汽车严禁超载运行，超载将导致车辆早期损坏，制动距离变长，甚至造成交通事故。

2. 车辆尺寸参数

汽车的主要尺寸参数有车长、车宽、车高、轴距、轮距、前悬、后悬、接近角、离去角和离地间隙等（见图 1-50）。

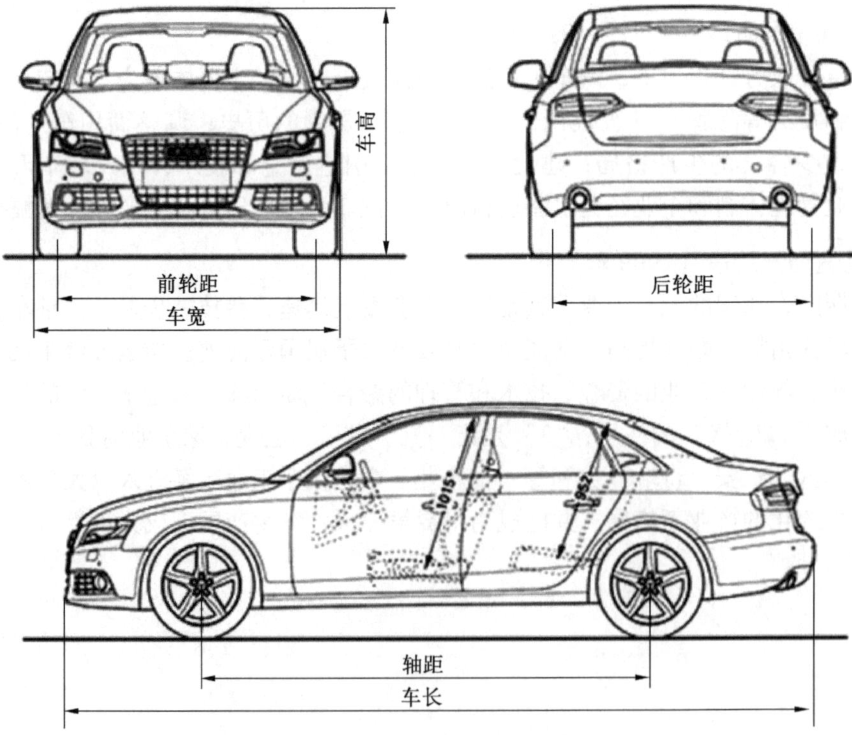

图 1-50 汽车尺寸参数

① 车长：简单说就是汽车前后最凸出点的长度方向上的投影距离，对轿车而言往往是前后保险杠最凸出点之间的距离。车长表明纵向可利用空间的大小，但太长会给汽车转向、驻车带来不便。

② 车宽：就是汽车左右最凸出位置宽度方向上的投影距离。根据业界通用的规则，车身宽度是不包含左、右后视镜伸出的宽度，是后视镜折叠后的宽度。我国公路车辆的极限车宽≤2.5 m，而对于轿车，公认的车宽上限是 2 m。

③ 车高：简单说就是从地面算起到汽车最高点的距离，但不包括车顶天线的长度。车高与操纵稳定性、舒适性、安全性等有关联，我国公路车辆的极限车高≤4 m。

④ 轴距：是指汽车前后桥（轴）之间的距离。大多数的两厢和三厢乘用车的乘员座位都布置在前后车轮之间，轴距成为影响乘坐空间最重要的因素之一，因此轴距也被用来划分轿车的等级。轴距不仅与乘坐舒适性有关，也对汽车行驶稳定性和操控性能有影响，是一个重要的尺寸参数。

⑤ 轮距：是指同一车轴左右轮胎胎面中心线间的距离。一般说来，宽轮距对横向稳定性和操控性有利，同时对空间舒适性也有利。

⑥ 前悬/后悬：由图 1-50 可以直观看到一辆车的整车长度其实就是由前悬 + 轴距 + 后悬组成，车辆前后悬尺寸与发动机布置、前后轴质量分配、车辆的非道路通过性能有关。例如多数超级跑车采用长前悬和短后悬的设计方式，以获得最佳的前后轴配重和空气动力学性能（当然也有例外，玛莎拉蒂 MC12 的前后悬都非常长），还有越野车更短的前后悬意味着车辆拥有更好的越野通过性能。

⑦ 接近/离去角、最小离地间隙：

接近/离去角和最小离地间隙如图 1-51 所示，它们都与车辆上下渡船或越过障碍的通过性能有关，另外离地间隙还会影响车辆重心高低进而影响稳定性。目前，轿车的最小离地间隙多在 110 ~ 150 mm 之间，SUV 越野车的最小离地间隙一般为 200 ~ 250 mm。

图 1-51　汽车接近/离去角与最小离地间隙

1.4.2　汽车的主要性能指标

汽车的性能是指汽车满足使用要求的程度，也是衡量汽车设计制造水平的重要指标。通常用来评价汽车性能的指标有：动力性、燃油经济性、制动性、操控稳定性、平顺性和通过性等。

1. 汽车的动力性指标

汽车动力性指标是汽车重要的使用性能，是车辆设计时首要考虑因素。通常使用最高车速、加速时间和最大爬坡度三个指标进行评价。

现代轿车在良好水平路面（混凝土或沥青）的最高行驶速度都能达到 140 km/h 以上。

汽车动力性能还可以用汽车的原地起步加速性能和超车加速性能来评价，大多数汽车厂家在车辆宣传说明中会标注 0100 km/h 所需要的加速时间来表示加速性能。超车加速时间是指汽车由某一预定的车速（如 30 km/h）全力加速至某一预定高速（如 100 km/h）所需要的时间，超车加速能力越强表明其动力性越好。

最大爬坡度是额定满载状态下以最低挡位在良好路面上等速行驶所能克服的最大坡度（见图 1-52），用 i_{max}来表示最大爬坡度，则 $i_{max} = \tan\theta \times 100\%$。不同类型的汽车对动力性指标要求各有不同：乘用车车速高，加速时间短，经常在较好的路面行驶，因此一般不强调它的爬坡能力；越野汽车要在坏路或无路条件下行驶，爬坡能力是一个很重要的指标，某些车的最大爬坡度可达 100%，即能爬上 45°的坡；载货车辆要在各种道路上行驶，也必须具备足够的爬坡能力。

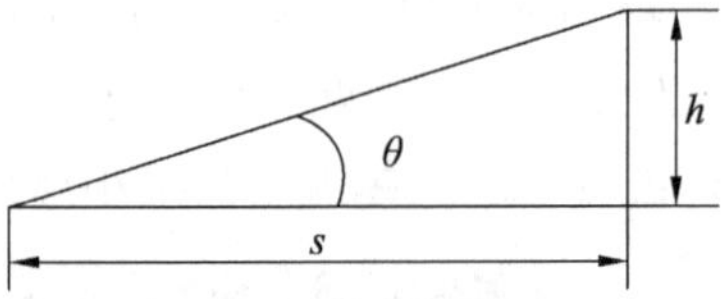

图 1-52　车辆爬坡度

2. 汽车的燃油经济性指标

在保证动力性的条件下，汽车以尽可能少的燃油消耗量保持经济行驶的能力，称作汽车的燃油经济性。在我国及欧洲，燃油经济性用汽车每行驶 100 km 所消耗的燃油量来表示，单位是 L/100 km；在美国和日本，该指标是用每单位（加仑或升）燃油量行驶的里程数（英里或公里）来表示。在实际行驶过程中，汽车的行驶速度随运行条件变化，发动机功率、油耗发生相应的复杂变化，因此，计算汽车的燃油消耗量是很困难的，其量值主要还是通过综合测试来确定。

3. 汽车的制动性指标

汽车制动系统的基本作用：一是使行驶中的车辆能在短距离内停车并且维持行驶方向保持稳定，二是在下长坡时能使车辆保持一定的车速。因此，汽车制动性能是汽车主动安全性的重要评价指标，这既是汽车安全行驶的保证，也是汽车动力性得以很好发挥的前提。汽车制动性指标主要包括三个方面：

① 制动效能：即在良好路面上，汽车在一定车速下从制动到停车的制动距离（或制动时间、制动减速度），是制动性能最基本的评价指标。

② 制动效能的稳定性：汽车制动实际上是把汽车行驶的动能通过制动摩擦作用转变为热能，连续制动后制动器的温度升高，制动效能会下降，制动效能的稳定性即连续制动时保持制动效能的抗热衰退性能。

③ 制动时方向的稳定性：是指汽车在制动过程中不发生跑偏、侧滑和失去转向现象的能力，常用制动时汽车按给定路径行驶的能力（跑偏量）来评价。

4. 汽车的操控稳定性

汽车的操控稳定性是指汽车对驾驶者转向指令的响应能力，简单来说，就是驾驶者想往哪儿开车就往哪儿开。当车辆遭遇外界干扰（如侧向力）时，汽车应具备较好的抵抗干扰而迅速恢复原来运动状态，保持稳定行驶的操控稳定性。

汽车操控稳定性涉及的车辆参数较多，是汽车主动安全性能的重要评价指标。

5. 汽车的行驶平顺性指标

汽车在行驶过程中，路面不平以及发动机、传动系和车轮等旋转部件的运动会激发汽车的振动，不仅会使乘客感到疲劳和不舒适，还会影响汽车的使用寿命。汽车在行驶工况中对路面不平的减振隔振的能力称为汽车的行驶平顺性。汽车的行驶平顺性一定意义上也是汽车乘坐舒适性，它的悬架系统要吸收振动能量，输出的振动频率和强度要避开人体敏感（晕车）区域。

6. 汽车的通过性指标

汽车的通过性是指汽车在一定的载质量下能以较高的平均速度通过各种坏路及无路地带，以及克服各种障碍的能力。对各种汽车的通过能力要求是不一样的，轿车和客车往往在良好路面行驶，其通过能力与越野汽车、军用车辆和载货汽车相比要低得多。

车辆通过性指标可分为三类：

① 轮廓通过性指标：最小离地间隙、接近/离去角、纵向和横向通过半径及车辆通过的最大侧坡。

② 支承通过性指标：表征车辆在非常规路面（松软土壤、冰雪、沙漠、滑溜路面）上运行的能力，包括车辆附着系数、车轮接地比压等。

③ 机动性指标：车辆的通过性也受机动性的制约，机动性（如前外轮最小转弯半径）在一定程度上表征了车辆能够通过狭窄弯曲地带或绕开不可越过的障碍物的能力。

习题 1

1. 汽车是怎样定义的？美国、日本与我国对汽车的定义有什么区别？
2. 简述按发动机位置及驱动形式分类的车，各有哪些优缺点。
3. 如何看待汽车在现代社会中的地位与作用？
4. 推动车身外形演变的原因是什么？
5. 简述美国人亨利·福特在汽车工业发展史中的地位。
6. 为什么说汽车诞生于欧洲，但最早形成汽车工业却是在美国？
7. 试分析汽车动力性和经济性的辩证关系。
8. 你觉得在大城市和中小城市中，使用车辆性能要求有哪些不同。
9. 世界上第一辆以汽油为动力的三轮汽车是谁制造出来的？
10. 简述“轿车”一词的由来。

第2章

认识汽车
——产业、市场与文化

- △ 世界汽车产业
- △ 汽车市场产业链
- △ 汽车消费文化市场
- △ 汽车社会的和谐运转

2.1 世界汽车产业

2.1.1 全球汽车产业概貌

随着全球经济一体化及产业分工的日益深入，以中国、巴西和印度为代表的新兴市场国家的汽车产业发展迅速，在全球汽车市场格局中的市场影响和作用逐步提升。总体来看，全球汽车市场处于稳步增长之中（见图 2-1）。

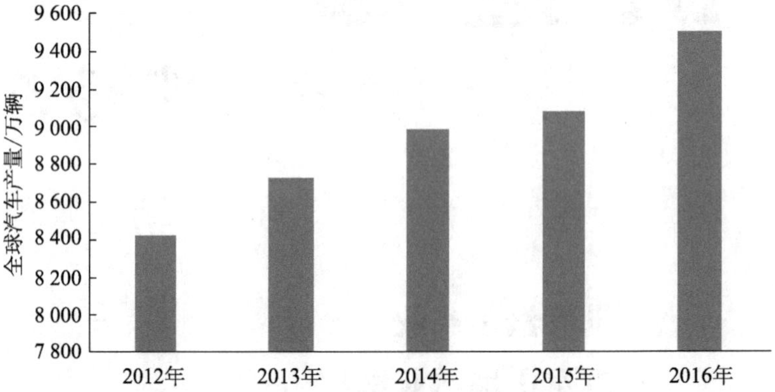

图 2-1 全球汽车产量

1. 汽车整车市场仍具有较大潜力

一方面，随着世界经济的复苏，全球汽车产量在经历 2009 年急剧萎缩后，2010 年就已经恢复并超过 2007 年水平，欧美日等传统汽车大国整体发展平稳。

另一方面，新兴市场经济体成为全球汽车市场的生力军。由于新兴市场经济体的快速发展，国际汽车巨头及本土整车企业纷纷加大在新兴市场国家的产能投入，例如 2017 年中国汽车产销量双双超过 2 800 万辆，连续多年位居全球首位。新兴市场经济体人均汽车保有量低、潜在需求量大，因此仍是未来世界汽车市场增长的动力源。

2. 零部件供应分工实现专业化、独立化、规模化

汽车零部件产业是汽车工业发展的基础，是支撑汽车工业持续发展的前提条件。随着经济全球化和市场一体化进程的推进，原有的整车装配与零部件生产一体化、零部件企业依存于单一汽车厂商以及零部件生产地域化的分工模式已出现变化：跨国汽车公司生产经营由传统的纵向一体化、大而全的生产模式转向以开发整车项目为主的专业化生产模式，在扩大产能规模的同时，大幅降低了零部件自制率，取而代之的是与外部零部件企业形成基于市场的配套供应关系，汽车零部件的生产供应商由此走向独立化、专业化、规模化的发展道路。

当前全球汽车零部件产业由美国、德国、法国及日本等传统汽车工业强国主导，并涌现出一批年销售收入超过百亿美元的大型汽车零部件集团（见表2-1）。中国国内零部件企业的竞争力在国际市场上仍显薄弱，而随着国内汽车消费市场的迅速崛起，国际零部件巨头们也纷纷涌入中国市场并积极实施本土化战略。

表2-1　2017年全球汽车零部件市场前十大供应商

排名	公司名称	销售额/亿美元
1	罗伯特·博世公司（Robert Bosch Gmbh）	465.00
2	采埃孚（ZF Friedrichshafen）	384.65
3	麦格纳国际公司（Magna International Inc.）	364.45
4	电装（DENSO）	361.84
5	大陆（Continental）	326.80
6	爱信精机株式会社（Aisin Seike Co. Ltd.）	313.89
7	现代摩比斯（Hyundai Mobis）	272.07
8	佛吉亚公司（Faurecia）	207.00
9	李尔公司（Lear Corporation Limited）	185.58
10	法雷奥（Valeo）	173.84

3. 汽车产业资源配置全球化与系统集成化

20世纪90年代以来，为有效规避发达国家较高的生产成本，开拓新兴市场，跨国汽车零部件企业积极向低成本国家特别是新兴市场国家大规模转移生产制造能力，并且逐渐延伸到研发、设计、采购、销售和售后服务环节，形成汽车产业全球资源配置的格局。在全球采购和供应的背景下，以中国、巴西为代表的新兴市场国家汽车工业发展迅速。

与此同时，世界各大汽车厂商改革了零部件供应体制，由向多个汽车零部件供应商采购转变为向少数供应商采购，由单个零部件采购转变为系统集成的模块化采购。为适应这种变革，零部件供应商不断提高产品研发和生产服务能力，向系统化开发和供应转变，这种系统化模块化供应使汽车零部件厂商摆脱依附于单个汽车厂商的产业组织方式，走向独立化、规模化的发展道路。

2.1.2 中国汽车产业的壮大

汽车的普及不仅提高人们的工作效率，改变了生活的方式，拓展了活动空间，还使得人流、物流、资金流实现高效运转。汽车工业带动提升了我国经济的整体实力，是保持国民经济持续、快速、健康发展的先导型产业。最近几年，我国汽车产销量呈现稳步增长态势，汽车信贷还是银行业仅次于房屋信贷的一个淘金业务。2017 年我国汽车产销量分别为 2 901.5 万辆和 2 887.9 万辆，同比分别增长 3.2% 和 3% ，连续多年位列全球第一。

1. 整车市场稳定增长，消费升级

我国的整车市场在经历了近十年的快速发展之后，目前有回归到稳定增长状态的市场特征。我国人均可支配收入水平呈现持续、平稳增长的态势，不会出现急剧的变化；中国仍处于汽车普及期，保有量偏低、刚性需求快速提升的二三线地区为汽车销量增长提供空间；另外，在改善性、强制性报废及个性化购车需求驱动下，SUV、豪华车和新能源汽车等中高端细分市场增长高于行业平均水平，汽车消费升级趋势将会越发明显。

从中长期来看，汽车工业对 GDP 的增长贡献度较高，对经济有巨大的拉动作用，在稳增长的前提下，刺激或抑制汽车产业的政策均较难出台，而地方性限购政策对汽车行业整体销量的影响有限，故社会经济的持续发展仍旧是促进汽车市场持续增长的基本动力。

2. 中国汽车零部件产业区域集中格局

由于我国蕴藏着庞大的汽车消费需求，且具有显著的资源成本优势，大型跨国零部件企业纷纷涌入国内市场，将先进的研发和生产技术、管理模式带入国内市场，全球整车产能向中国的转移和集中也大大推动了我国汽车零部件行业的发展，为国内企业的发展提供了良好的契机。

我国汽车零部件产业的区域集中度较高，且往往与整车制造企业形成周边配套体系。目前已形成六大汽车产业集群：即以长春为代表的“东北产业集群”，以上海为代表的“长三角产业集群”，以武汉为代表的“中部产业集群”，以北京、天津为代表的“京津冀产业集群”，以广东为代表的“珠三角产业集群”，以成都、重庆为代表的“西南产业集群”。

3. 参与分工竞争——中国汽车产业融入全球产业链

近年来随着汽车市场规模不断扩大，竞争加剧，国内汽车企业不断加大投入，提高自主研发、技术创新与海外市场开拓能力，产品竞争力不断增强，加之成本优势，国内汽车企业在国际市场上的竞争优势不断提升，推动了我国汽车整车及零部件行业持续增长。

在全球经济一体化的背景下，国际汽车厂商基于优化产业链、控制生产成本的目的，纷纷推行整车制造的全球分工协作战略和汽车零部件的全球采购战略，国内汽车企业的制造水平正逐步得到全球厂商的认可，来自于全球汽车厂商的订单出现大幅上升的趋势。未来5—10年内，中国将有望继续提高参与全球汽车产业分工竞争的能力，作为世界汽车及零部件研发生产的重要基地融入全球产业链。

4. 汽车产业逐步实现产品升级

随着我国逐步跻身中等收入国家行列，面对国内劳动力成本的提高和跨国汽车巨头的市场空间挤压，国内汽车企业已经开始通过强化技术开发、增强创新能力、完善产品结构及利用互联网+智能化技术实现产品升级，零部件企业逐步实现向系统开发、系统配套、模块化供货的方向发展，在赢得全球客户认可的同时，提升了在全球汽车产业中的竞争地位。

5. 我国汽车企业对外扩张步伐加快

2008年全球金融危机给中国汽车企业带来向外发展的良机。由于欧美汽车及零部件行业在全球金融危机中遭受重创，大量企业出现减产、停产甚至破产的现象。与此同时，我国汽车企业得益于国内汽车消费市场的迅速回暖，短期内恢复正常经营。在这一行业背景下，国内企业纷纷尝试在全球范围内寻求合作、兼并收购及海外建厂，同时在国际市场上大量吸纳优秀人才以扩充研发实力。随着中国企业的技术不断提升及在国际市场上的拓展，我国汽车及零部件企业在“走出去”上具有广阔的发展前景。

2.1.3 汽车产业的走向——市场因素与政策法规的影响

1. 市场因素的影响

① 中国因素仍将在全球汽车市场发挥积极作用。

受益于成功的经济体制改革、对外开放和持续的技术引进与技术创新，中国保持了长期较高的经济增速。2008—2017年，中国人均国内生产总值复合增长率为12.87%（见图2-2），不仅汽车消费市场空间巨大，同时带动了汽车零部件的市场整体发展。

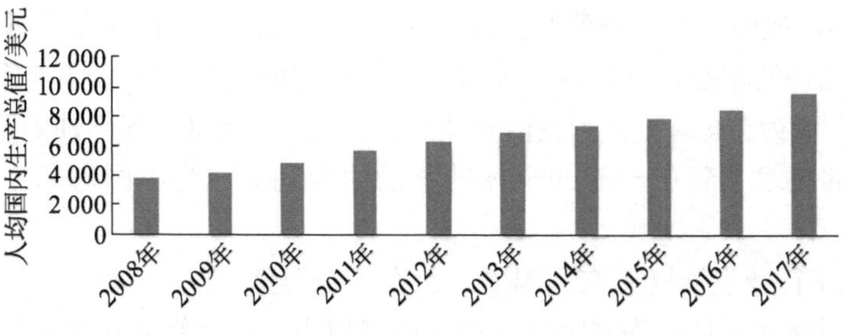

图2-2 中国近10年人均国内生产总值

历史数据显示，汽车保有量和人均GDP高度相关（见图2-3）。可以预计，未来在内外环境不发生突变的情况下，中国经济保持稳定的增长速度，将带动全球汽车及汽车零部件产业的稳定增长。

产业政策的影响

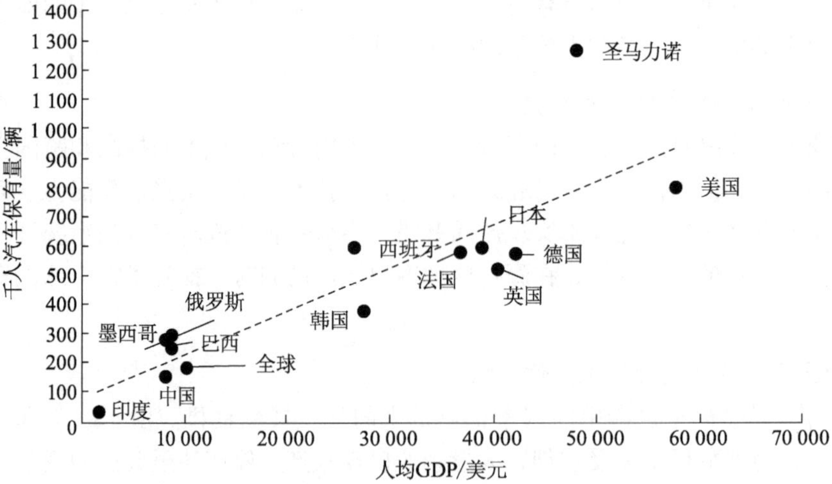

图 2-3　乘用车保有量与人均 GDP 的关联度

② 中国产业政策的扶持为汽车行业创造机遇。

近年来，中国对汽车产业发展一直给予支持和鼓励。2004 年 6 月，国家发改委颁布了《汽车产业发展政策》，对于我国汽车产业的结构调整、产业升级和国际竞争力的提高提出了一系列鼓励政策。2009 年 3 月，国务院颁布了《汽车产业调整和振兴规划》，进一步明确了汽车产业调整和振兴的任务，以及振兴汽车工业及其零部件工业所应采取的政策措施。这些产业政策的扶持有利于汽车及零部件行业健康、持续、稳定发展。2015 年，中央政府提出在“适度扩大总需求的同时，着力加强供给侧结构性改革，着力提高供给体系质量和效率”，为产业创新升级创造了新机遇。

③ 全球化采购和消费者需求的多样化促进市场的活跃。

随着中国汽车销量的节节攀升，汽车消费主体呈现年轻化和个性化趋势，特别是 80 后和 90 后逐渐成为汽车市场消费主体，这些有着极强个性的年轻车主，开始追求彰显个性、性能独特的车型，汽车改装等售后市场也逐渐成为新的市场增长点。

国际汽车厂商为在全球范围内灵活高效配置资源，积极推进零部件采购全球化，这成为零部件产业的技术创新和产能的全球转移的内生动力，为中国汽车产业带来机遇和挑战。

④ 影响汽车行业发展既有有利因素，也有不利因素。

主要的不利因素包括：许多国内企业生产规模小、生产智能化水平不高；行业盈利能力面临上下游产业的压力；我国道路交通拥堵的负面影响日益显现并影响城市汽车消费者的购买意愿；一些国家的贸易保护政策使中国汽车企业出口环境有所恶化；汽车行业的周期性特征影响。

2. 政策法规对汽车产业的影响

汽车的产销量和保有量大幅度增加，与之有关联的交通事故、排放和噪声环境污染，以及石油能源消耗等问题也越来越严重。世界各国和国际组织制定了相关法律和规定，逐步提高对汽车安全、环境保护和节约能源等方面的技术要求，并以强制性的“法规”形式颁布和实施。

世界上国家的、双边的和多边的汽车技术法规体系有几十种，但是最具有代表性的是欧洲、美国和日本三大技术法规体系。受经济全球化影响，日本的汽车技术法规正在向欧洲法规体系靠拢，可以说，世界各国的汽车技术法规都有欧洲或美国的技术法规体系的影子。欧洲汽车技术法规体系由联合国欧洲经济委员会（UN/ECE）发布的ECE技术法规和欧洲共同体EEC（现为欧洲联盟EC）发布的EC强制执行技术指令组成。美国汽车技术法规体系主要由联邦机动车安全标准（FMVSS）、联邦机动车环境保护法规（EPA法规）、联邦汽车燃料经济性标准法规组成。

从2005年开始，我国基于本国的国情和国际汽车贸易规则，又新增许多的政策法规，重点是规范汽车市场和国际贸易，如：促进汽车产品质量提升，促进出口市场快速增长；破除垄断，多渠道推进二手车交易的发展；规范二手车交易行为，保护消费者的利益；新车经销商将可以公开开展旧车置换业务；通过汽车消费税对汽车消费结构产生影响，在一定程度上引导小排量轿车的消费，限制大排量轿车、SUV的消费；厂家对经销商的控制将更为严格，部分经销商甚至被强势厂家淘汰出局。

小贴士

◆汽车的行业协会组织

1. 世界汽车组织（OICA）

OICA成立于1919年，总部设在巴黎，是由世界各国汽车制造商组成的国际组织，会员单位遍布全球五大洲，包括中国、日本、美国、德国、法国、意大利、韩国、巴西、俄罗斯、印度等主要汽车生产国在内的40多个汽车制造商。

2. 国际汽车联合会（FIA）

FIA简称国际汽联，1904年成立，总部原设在法国巴黎，2009年移至瑞士苏黎世，以推动汽车工业发展为宗旨。

3. 国际汽车工程学会联合会（FISITA）

FISITA于1948年在巴黎成立，目标是联合全球汽车行业的工程师，互相合作，共同分享汽车行业技术发展的各种观点和进步资讯。它是一个非营利性的非政府组织，由专业工程人员管理，并得到全球汽车行业的支持。

4. 美国汽车工程师学会（SAE）

SAE成立于1902年，是美国及世界汽车工业（包括航空和海洋）最有重要影响的学术团体之一。

5. 中国汽车工程学会（SAE China）

SAE China于1963年在长春成立，是由中国汽车科技工作者自愿组成的全国性、学术性法人团体。它是中国科学技术协会的组成部分，是国际汽车工程学会联合会（FISTA）成员并任理事，也是国际太平洋地区汽车工程会议（IPC）发起人之一。

2.2 汽车市场产业链

汽车产业链相对较长，主要由五大部分构成（见图 2-4）：以汽车整车制造业为核心，向上可延伸至汽车零部件制造业，以及与零部件制造相关的其他基础工业，向下可延伸至服务贸易领域，包括汽车销售、维修、金融、保险、二手车、媒体产业、教育产业等服务领域，此外，在汽车产业链的每一个环节都有完善的支撑体系，包括法律法规标准体系、试验研究开发体系、认证检测体系等。如果从行业利润的构成来看，在成熟的国际化汽车市场中，一般零部件采购供应链占 1/5，整车制造链占 1/5，服务贸易（物流、贸易、金融）占 3/5。

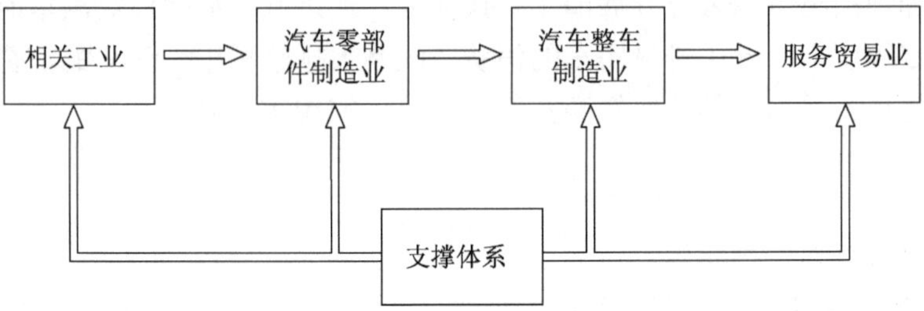

图 2-4　汽车产业链结构

2.2.1　汽车整车制造业

整车制造企业一般只从事汽车车身制造及总装，包括冲压、焊装、涂装、总装四大工艺部门，其他则由专业零部件制造企业生产。对于汽车轮胎、橡塑件、汽车玻璃、汽车电器等生产部门，习惯上称为相关行业部门。

汽车制造业主要构成如图 2-5 所示。

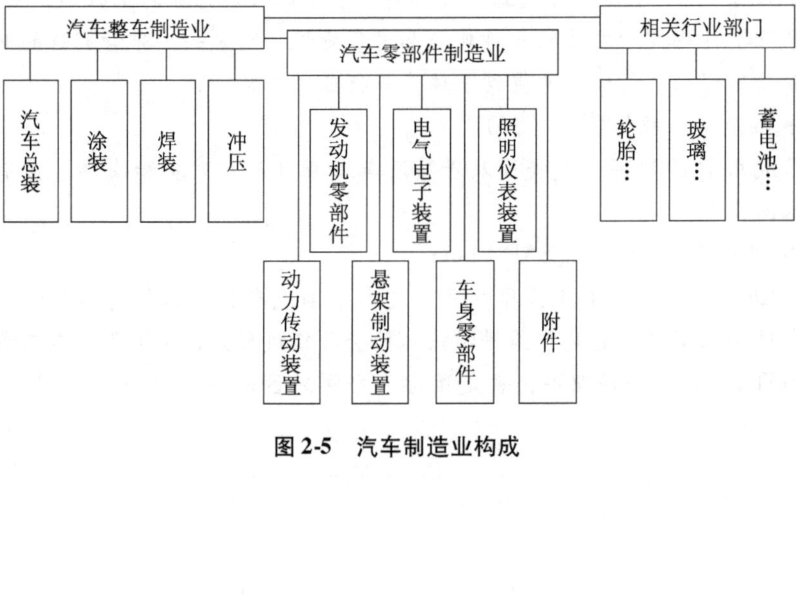

图 2-5　汽车制造业构成

2.2.2　汽车零部件制造业

汽车零部件的种类名目非常多，一般情况下，载货汽车的零部件总数达到 7 000-8 000 个，而轿车的零部件总数更多，达到 1 万个以上。从零部件模块化供应的角度来看，汽车零部件可分为“模块—总成—组件—零部件”几个层次，供应企业一般依次划分为一级零部件供应商、二级零部件供应商、三级零部件供应商。以轿车为例，其主要零部件供应模块构成如图 2-6 所示。但由于目前受零部件技术水平及传统生产方式的影响，真正意义上的“模块”化生产即使在欧美发达国家也很少见。

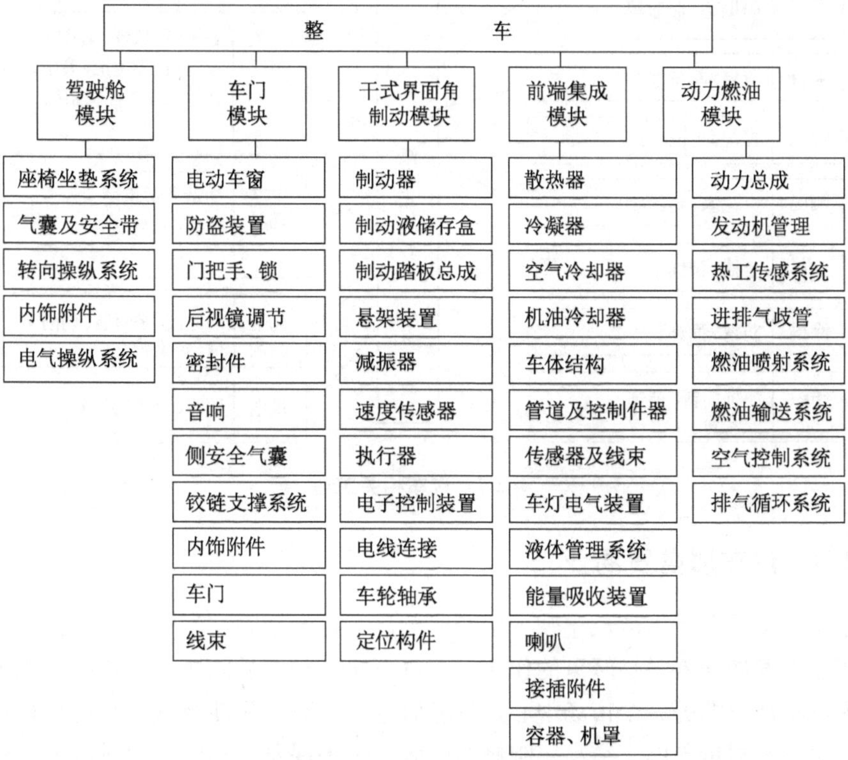

图 2-6　典型轿车零部件供应模块化构成

2.2.3　汽车相关工业

汽车产业链是以汽车制造企业为龙头，为龙头企业配套的上下游企业、相关的服务业、管理机构等形成的动态联盟，共同完成产品的采购、生产、销售和服务等全生命周期的管理。其中，汽车产业链的上游涉及钢铁、机械、橡胶、石化、电子、纺织等工业行业（见图 2-7）。

汽车工业是产业关联度很高的产业，对国家经济和地域经济具有巨大的拉动效应，形成巨大的经济链条，是重要的支柱产业。这种重要性主要表现为增加财政收入、带动相关产业发展和增加就业机会三个方面。汽车作为耐久性消费品，无论在生产阶段，还是在销售和使用阶段，均为国家创造了大量的税收，与汽车消费有关的税费已成为国家重要的财政来源之一。

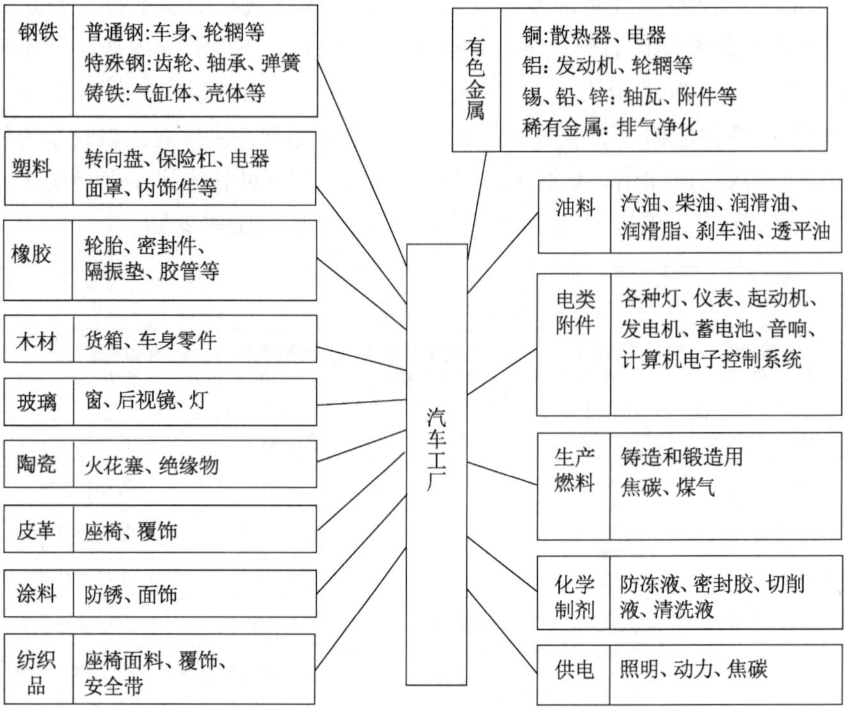

图 2-7　汽车相关工业

2.2.4　汽车服务贸易业

汽车服务贸易业是指从汽车驶下生产线到汽车报废期间与汽车服务有关的产业，它对汽车产业的发展起着举足轻重的作用。在汽车技术与产品同质化趋势中，汽车服务贸易业成为汽车产业的另一个市场中心。汽车服务贸易业主要涉及汽车销售、车辆保险与汽车金融服务、租赁与旧车交易、维修与改装、维护保养、物流与油料服务、驾驶培训与教育、媒体创意广告服务等相关行业。

1. 汽车销售行业

汽车销售是指将汽车整车厂商所生产的汽车销售给消费者，是汽车消费的重要组成环节，汽车销售的情况能很好地反映消费者对经济前景的信心状况。

汽车销售过程一般包括：

① 潜在客户开发：了解潜在客户的需求和建立良好的沟通关系。

② 接待和咨询：树立客户对经销商和品牌的信心，建立正面的第一印象。

③ 产品介绍与试驾体验：这是客户获得汽车感受和建立信任的最佳机会。

④ 协商与成交：打消客户的疑虑，让客户的决定基于自己获得的信心。

⑤ 验车与交付：让客户有愉快的交车体验，为保持良好的长期互动关系奠定基础。

汽车销售

⑥ 售后跟踪服务：一定要让购买了新车的客户在第一次维修保养服务时亲身体验经销商服务流程的最佳品质。

2. 汽车保险与汽车金融服务业

汽车保险即机动车辆保险，是对机动车辆由于自然灾害或意外事故所造成的人身伤亡或财产损失负赔偿责任的一种商业保险。它是不定值保险，分为基本险和附加险，其中附加险不能独立保险。基本险包括第三者责任险和车辆损失险（车损险）；附加险包括全车盗抢险（盗抢险）、车上责任险、无过失责任险、车载货物掉落责任险、玻璃单独破碎险、车辆停驶损失险、自燃损失险、新增设备损失险、不计免赔特约险。人们通常所说的交强险（即机动车交通事故责任强制保险）也属于广义的第三者责任险，交强险是强制性险种，机动车必须购买才能够上路行驶、年检、上牌，且在发生第三者损失需要理赔时，必须先赔付交强险再赔付其他险种。

在汽车保险领域，竞争日趋激烈。目前，占据中国汽车保险市场份额较大的保险公司有中国人寿、中国平安、太平洋保险、中国人保、中国太平、友邦保险、新华保险、泰康保险、阳光保险和大地保险等公司。

汽车金融公司是指经中国银行业监督管理委员会批准设立的，为中国境内的汽车购买者及销售者或经销商提供金融服务的非银行金融机构。消费者在购买汽车需要贷款时，可以直接向汽车金融公司申请优惠的支付方式，可以按照自身的个性化需求来选择不同的车型和不同的支付方法。对比银行贷款而言，汽车金融是一种购车新选择。

中国当前主要汽车金融服务公司有上汽通用汽车金融（GMAC - SAIC）、丰田汽车金融（中国）有限公司、大众汽车金融（中国）、福特汽车金融（中国）、戴姆勒 - 克莱斯勒汽车金融（中国）、华泰汽车集团有限公司、天津长城滨银汽车金融有限公司、重庆汽车金融、北京现代汽车金融等。

3. 旧车交易与汽车租赁行业

我国二手车（旧车）流通行业随着汽车消费水平的提高而迅猛发展，不论从交易数量还是从交易金额看，都达到两位数的增长率。目前我国新车交易量已经达到全球第一，但二手车交易量只有新车交易量的 28% 左右，远低于发达国家的水平，如美国每年二手车交易量大约是新车的 3 倍。

二手车交易市场具有中介服务商和商品经营者的双重属性，它的功能包括二手车评估、收购、销售、寄售、置换、拍卖、过户、转籍、上牌、保险等服务。总体来说，中国的二手车交易行业还处于成长过程，具有很大的发展空间。

汽车租赁服务是指在约定时间内，租赁经营人将租赁汽车（包括载货汽车和载客汽车）交付承租人使用，不提供驾驶劳务的经营方式。汽车租赁按照经营目的划分为融资租赁和经营租赁。融资租赁是指承租人以取得汽车产品的所有权为目的，经营者则是以租赁的形式实现标的物所有权的转移，其实质是一种带有销售性质的长期租赁业务，一定程度上带有汽车金融服务的特点。经营租赁，是指承租人以取得汽车产品的使用权为目的，经营者则是通过提供车辆功能、税费、保险、维修、配件等服务来实现投资收益。国内汽车租赁公司主要有一嗨租车、神州租车、宝驾租车、平安好车、凹凸租车等。

4. 汽车维修与改装行业

汽车维修是汽车维护和修理的泛称，包括汽车大修和汽车小修。

汽车改装是指根据汽车车主的个性化需要，将汽车制造厂家生产的原型车进行外部造型、内部造型以及机械性能的改动，主要包括车身改装和动力改装两种（见图2-8）。

阿里智能汽车服务

图2-8　汽车改装服务

5. 汽车保养与美容行业

汽车保养是指定期对汽车相关部分（发动机系统、变速箱传动系统、空调系统、冷却系统、燃油系统、转向系统、制动系统等）进行检查、清洁、补给、润滑、调整或更换某些零件的预防性工作，又称汽车维护。汽车保养的目的是保持车容整洁，技术状况正常，消除隐患，预防故障发生，减缓劣化过程，延长使用寿命。

汽车已成为大众化消费品走入人们的日常生活，汽车的款式、性能和汽车的整洁程度，无一不体现出车主的性格、修养、价值喜好。许多人想让自己的座驾看起来干净漂亮，用起来风光舒适，因此汽车美容超越了汽车保养的概念而产生。汽车美容源于西方发达国家，是指针对汽车各部位不同材质所需的保养条件，采用汽车美容护理用品及施工工艺，对汽车保养护理。

汽车美容不只是简单的汽车打蜡、除渍、除味、吸尘及车内外的清洁服务等常规美容护理，还包括利用专业美容系列产品和高科技技术设备，采用特殊的工艺和方法，对漆面增光、抛光、镀膜、镀晶及深浅划痕处理，全车漆面美容，底盘装甲和发动机表面翻新等一系列养车技术，以达到“旧车变新、新车保值”的功效。

6. 汽车企业物流服务及油料服务行业

汽车产业的规模化、全球化带动了整车及零部件物流运输的专业化大发展，同时也促进了油料行业的科技、生产、服务能力的提升。

7. 汽车驾驶培训行业及汽车教育产业

我国机动车驾驶培训机构数量增长迅速，最近6年，全国驾校培训机构增加了近50%，教练员数量也翻了1倍。2017年我国机动车持证人数达到3.95亿人，2017年新增驾驶持证人数约3 100万人，可见驾驶培训行业的巨大市场潜力（见图2-9和图2-10）。

(a) 模拟驾驶培训　　(b) 场地驾驶培训

图 2-9　汽车驾驶培训

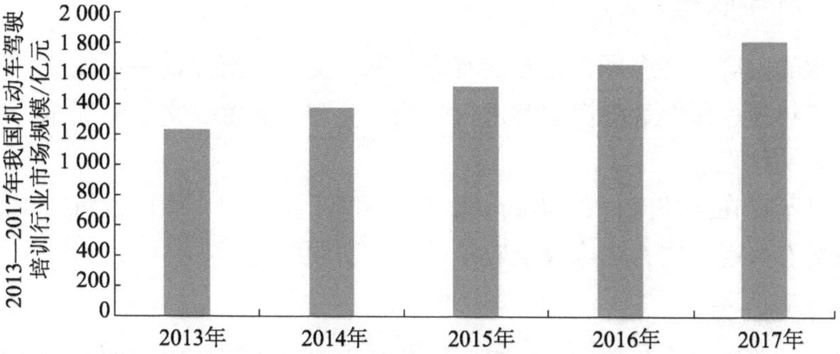

图 2-10　2013—2017 年我国机动车驾驶培训行业市场规模

汽车产业的大发展带动了汽车教育产业的发展，近年来汽车专业在中职教育、高职教育及本科教育中一直是招生热门，与之关联的汽车维修、汽车营销、汽车服务、新能源汽车等专业也显现了较好的就业势头，另外还产生了许多对汽车从业人员技能培训的市场需求，如二手车交易培训、汽车营销师、初中高级汽修工的技能认证培训等。

汽车不仅是媒体广告的“常客”，而且汽车本身也成为广告媒体的平台。车身广告又称车体广告，作为可以移动的车身媒体活跃在城乡道路进入广大受众的视野（见图 2-11）。

(a) 公交车身广告　　(b) 货车车身广告

图 2-11　车身广告

2.3 汽车消费文化市场

汽车作为工业文明的精华已经融入人们的日常生活，成为生产生活的消费品。现在的汽车已经不再是它诞生时人们的代步工具，也不是一个技术性话题，它还代表了消费观念和时尚创意。汽车市场也不仅是产品贸易和服务的概念，还延伸出了类似赛车运动、汽车收藏、会展博览、汽车俱乐部等形式多样的泛汽车文化市场。

2.3.1 汽车收藏

汽车收藏的内容丰富多彩，但都没有离开汽车文化与历史这一主线。汽车收藏者有计划地按汽车年份、属性等分门别类进行收购、整理、放置、交流和展示，突显其独有的文化特点和文化理念。

汽车收藏不仅在国外流行，随着汽车进入中国千家万户，国内以汽车文化为主题的收藏活动也悄然兴起，成为当今大众收藏的一个新领域。

1. 汽车实物收藏

汽车实物收藏为实力收藏家所钟爱，收藏品主要是不同历史时期有代表性的汽车产品、有特别纪念意义的汽车及有关物品，如汽车比赛冠军的赛车、著名赛车选手的服饰装备等。

2. 汽车模型收藏

在众多的汽车收藏品中，汽车模型是一个重要的门类。汽车模型是按照真实汽车的样式，按一定比例微缩制成，仿真性强，样式别具一格，甚至连极微小的部件也能仿制得很精致。大多数汽车模型又以仿制各种世界名车和老爷车为主，既有很高的观赏性，也有很高的收藏价值。

3. 汽车广告收藏

各大汽车厂商为宣传产品，在广告设计、制作上可谓不惜血本，特别是许多产品的平面广告招贴画更是印刷精美，花样繁多，颇受汽车收藏爱好者的青睐，收藏精美招贴画逐渐成为当今的一种文化时尚。许多人在参观各种汽车博览会、逛汽车市场时，都忘不了要几张漂亮的汽车广告招贴画，特别是那些印有世界名车和影视明星的大幅汽车广告招贴画，更受到年轻人的喜爱。在一些大型车展现场，常常能看到排着长队索取汽车广告招贴画的场景。

2.3.2 汽车博物馆

汽车类专题博物馆以“社会人”的视野，把“车”作为载体，按照“科学—技术—社会”的选题方式，讲述世界汽车工业百年发展历程所带来的文明进步、产业演变、技术创新和经典传奇，注重传播科学与人文思想，弘扬科学与人文精神，成为社会大众尤其是广大青少年体验科学、启迪创新的文化乐园。汽车博物馆往往集汽车博览、信息交流、品牌展示、科普娱乐四大功能于一体，是传播汽车文化、沟通汽车信息、体验汽车科技、享受汽车乐趣、发展汽车经济的综合园地，具有人、车、生活和谐统一的特有文化氛围。

1. 外国汽车博物馆

欧洲拥有汽车博物馆最多的国家是德国，有 17 座，英国有 16 座，意大利有 9 座，数量都不少。日本有 17 座汽车博物馆，为亚洲之最。当然，拥有以汽车为主题的博物馆最多的是美国，据记载有 85 座之多。

早在 20 世纪初期，在欧美发达国家就出现了汽车博物馆。经过一百多年的发展，在欧洲几乎每个中等以上的城市都有自己的汽车博物馆。在国外，汽车博物馆的主办者主要有四种类型，即国家、地区、大型汽车企业、私人主办者。在一些国家的国家博物馆或科学博物馆中也收藏和陈列着具有重要历史价值的汽车。

（1）奔驰汽车博物馆

奔驰汽车博物馆位于德国斯图加特市东面几公里远的费尔巴赫小镇，隶属于奔驰汽车公司（见图 2-12）。奔驰汽车博物馆创建于 1936 年，馆中陈列着汽车的鼻祖——“奔驰一号车”和“戴姆勒一号车”，以及第一辆打破记录的奔驰赛车。它不仅代表着奔驰汽车从发明到发展的历程，同时还是全世界汽车发展历程完整的历史教科书。

巡访博物馆

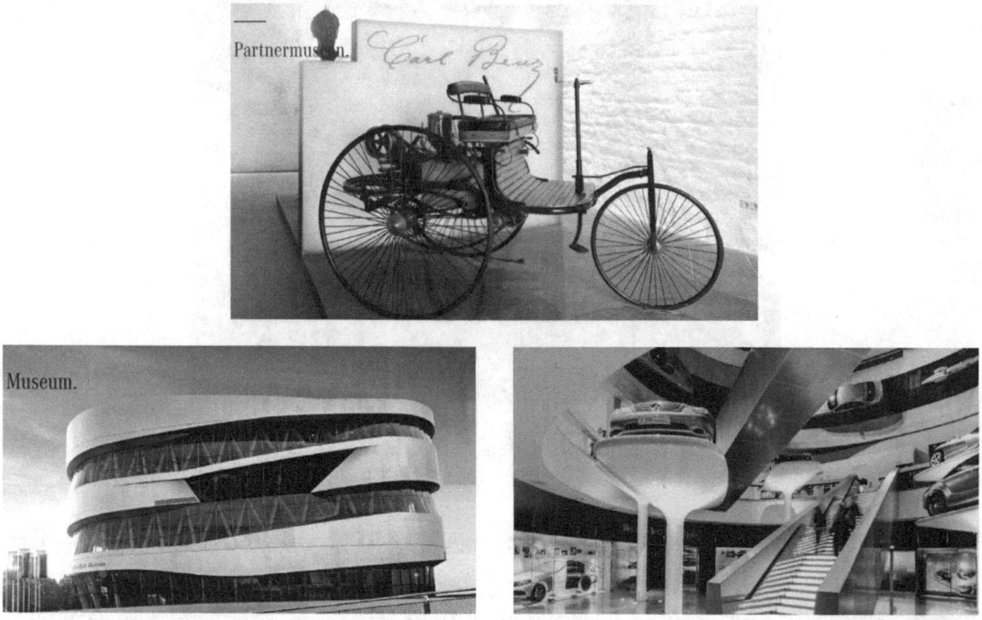

图 2-12　奔驰汽车博物馆

（2）福特汽车博物馆

福特汽车博物馆位于美国密歇根州南部的小城迪尔伯恩市。福特汽车博物馆于

1933年开馆，包括两大部分：一部分是占地13公顷的博物馆，这是一栋庞大的平顶建筑物，大楼中间正前方是高耸的钟塔，钟塔仿制费城的独立大楼而建；另一部分是占地81公顷的室外绿地村。福特汽车博物馆把具有历史意义的车辆、飞机等产品放入博物馆，而将历史建筑物、商业街道、作坊、工厂等模型放在绿地村里面，博物馆和绿地村相毗邻，形成一个室内和室外交相辉映的庞大的历史纪念公园。

（3）标致创业史博物馆

标致汽车公司是法国最大的汽车企业之一，总部在法国巴黎。标致创业史博物馆位于法国东部弗朗什-孔泰大区的索绍市，在这座博物馆里，参观者不但可以找到标致汽车公司自1890年以来生产的所有汽车，而且还有很多看起来与汽车毫不相干的产品，比如锯子、咖啡磨、胡椒磨、手表弹簧、自行车，甚至还有19世纪妇女为了更加漂亮所使用的钢制裙骨架。其中缘由是这样的：标致公司的历史可以追溯到15世纪，它前面的历史是以生产各式工具为主，而生产汽车的历史只是从1890年开始。因此，这些物品都在博物馆有一席之地，并且布展环境十分和谐。

（4）奥迪汽车博物馆

奥迪汽车博物馆位于德国英戈尔施塔特市奥迪公司总部的旁边（见图2-13），它是奥迪汽车公司百年波澜壮阔历史的见证。博物馆始建于20世纪70年代，占地77 000平方米，耗资1.7亿德国马克，于2000年12月正式向外界开放，仅第一年（2001年）就有25万多人次的参观者慕名而来。

扫扫看

图2-13　奥迪汽车博物馆

（5）宝马汽车博物馆

宝马汽车博物馆位于德国的慕尼黑市奥林匹克公园旁（见图2-14），它是一个巨碗状的建筑，于1971年开始建造，1973年建成并对外开放。

在它不远处有一座外形为四个圆柱体构成的22层银灰色大厦，象征汽车发动机的四个气缸，这里便是宝马汽车公司的总部。两幢建筑的外形都十分醒目和独特，当时的公众对这两个建筑的另类造型颇有微词，而它的设计者、奥地利著名建筑大师卡尔·施旺哲博士回答说："我的设计是为21世纪准备的。"宝马博物馆的设计目标就是希望能营造一个具有宝马精神的标志性建筑物，宣传其品牌哲学和驾驶乐趣。

图 2-14　宝马汽车博物馆与宝马总部大厦

（6）菲亚特汽车博物馆

菲亚特汽车博物馆位于意大利都灵市，这里离菲亚特汽车公司总部不远，是利用当年菲亚特汽车公司成立时的办公室改造而成的，所以博物馆的建筑非常老旧，有意思的是，博物馆的名字就叫作“又老又丑”。博物馆为两层建筑结构，一楼摆放的都是菲亚特公司从 1899 年创立后，不同年代具有代表性的汽车实物、汽车模型、汽车总成部件等；二楼是菲亚特公司在第一次世界大战和第二次世界大战期间为意大利政府制造的军用飞机、舰艇、潜艇图片，以及历年的企业宣传画手稿原件和一些珍贵的历史照片。在二楼，还有一个特殊展区就是菲亚特公司的创始人乔瓦尼·阿涅利当年的办公室。

（7）大众汽车博物馆

大众汽车博物馆位于德国下萨克森州沃尔夫斯堡市（俗称狼堡），这里也是大众汽车集团的总部所在地。1996 年，大众汽车集团在公司总部附近建设大众汽车主题公园，汽车博物馆是其中的一个组成部分，集中收藏了数量庞大的世界各大汽车公司生产的经典汽车。大众汽车主题公园内用于展示车辆的场所不仅仅是大众汽车博物馆，还有 7 个独立的汽车品牌分馆，用来展示大众集团属下主要品牌奥迪、本特利、布加迪、保时捷、西雅特、兰博基尼、斯柯达的汽车，与大体量的广场和塔楼相比，各分馆则显得小巧且富于个性，外部造型及内部展厅设计充分反映了各个汽车品牌的特殊气质。

（8）丰田汽车博物馆

丰田汽车博物馆是一座综合性的展馆（见图 2-15），坐落在日本爱知县首府名古屋的东郊，由丰田汽车公司投资 50 亿日元创办，1989 年 4 月正式对外开放。这座博物馆陈列了 19 世纪末以来，日本及其他国家制造生产的近 200 辆经典汽车，系统地介绍了汽车的发展历史，向人们展示了一个丰富多彩的汽车世界。博物馆分日本展厅、欧美展厅，以及于 1999 年 4 月开放的新馆三部分。

图 2-15　丰田汽车博物馆

2. 中国汽车博物馆

我国大型的汽车博物馆是进入 21 世纪之后才开始出现的，近年来陆续建成的主要有上海汽车博物馆、北京汽车博物馆和长春汽车博物馆。

(1) 上海汽车博物馆

上海汽车博物馆落成于 2006 年 10 月 24 日，是上海重点文化工程之一，也是上海国际汽车城重要的标志性项目（见图 2-16）。它位于嘉定区上海国际汽车城博览公园内，占地 11 700 平方米，建筑面积为 27 985 平方米。

上海汽车博物馆由德国 IFB 公司承担建筑设计，在博物馆外形设计上采用了大量流动曲线造型，它象征着汽车在高速状态下的运动轨迹，同时还具有较强的时代感。在整个建筑外观上，酷似叠加的书本，这一建筑特点突出了博物馆的知识趣味与文化品味。展馆中心并列着卡尔·本茨制造的全球第一辆汽车（复制品）和中国正式生产的第一代高级乘用车——红旗 CA72，其内部展示空间分为历史馆、技术馆、品牌馆、古董馆和临时展馆五部分。

图 2-16　上海汽车博物馆外观

（2）北京汽车博物馆

北京汽车博物馆坐落在北京市丰台区，占地 3.47 公顷，建筑面积为 49 058 平方米，2008 年 7 月建成开馆。博物馆建筑造型新颖、结构形式复杂、功能齐全，尤其是博物馆的幕墙工程，采用纯铝穿孔网板技术，为国内首次使用大面积的金属扩张网，在设计和建筑方面具有国内一流的水准。

北京汽车博物馆的硬件设施很完善，馆藏的车型非常丰富，不仅有苏联时期的华沙、吉姆、吉斯等车型，也有法拉利 Dino、捷豹 XK120、布佳迪 T－38A、劳斯莱斯银魅、凯迪拉克奥多拉多、福特 T 型车等海外重量级经典车款，还有吉利博瑞等当代中国汽车工业行业代表车型。

（3）长春汽车博物馆

长春汽车博物馆坐落在吉林省长春市汽车文化园内（原长春电影城），由一汽集团参与共同建设，是长春汽车文化园的核心项目，总投资 3 000 万元，占地面积 10 000 平方米，于 2007 年 7 月 15 日正式向公众开放。长春汽车博物馆集综合展示、汽车直销、科普教育、汽车文化交流、工业旅游于一体，成为多层次、全方位展示一汽集团形象的窗口。汽车文化园占地面积为 36 公顷，整个园区分为商业区、汽车文化展示区、娱乐区、休闲区四部分，其中的汽车文化展示区的核心就是长春汽车博物馆、汽车科技馆。

2.3.3　汽车展览

汽车展览是由政府机构、专业协会或主流媒体等组织，在专业展馆或会场进行的汽车产品展示展销会或汽车行业经贸交易会、博览会等。车展如同汽车行业和社会公众的公关场所：消费者可经由汽车展览会展示的汽车产品或汽车相关技术，了解汽车行业的最新发展动向；汽车厂商则可以通过车展宣传产品的设计理念，发布产品信息，交流和探讨世界汽车发展方向。

1. 法兰克福车展

德国是世界最早办国际车展的国家，法兰克福车展前身为创办于 1897 年的柏林车展，1951 年转到法兰克福举办，轿车和商用车每年交替轮换展出。法兰克福车展是世界最早也是世界规模最大的车展，有“汽车奥运会”之称，一般安排在 9 月中旬开展，为期两周左右。参展的商家主要来自欧洲、美国和日本，尤其以欧洲汽车商居多。法兰克福地处德国，唱主角的自然是德国企业，这似乎与底特律车展、东京车展的地域性同出一辙。德国是现代汽车的发祥地，是奔驰、大众、宝马等大牌汽车公司的老家，法兰克福车展正是它们一展身手的好机会。

2. 日内瓦国际汽车展

日内瓦车展素有“国际汽车潮流风向标”之称，是欧洲唯一每年举办的车展，通常在位于日内瓦机场附近的巴莱斯堡国际展览中心举行，总面积达 7 万平方米。日内瓦车展创始于 1905 年，从 1931 年起每年举办一次，多在每年的 3 月举行，以展示豪华车及高性能改装车为主，展品比较个性化。在五大国际车展举办国家中，瑞士是唯一一个没有汽车工业的国家，但却承办着世界上最知名的车展之一，每年吸引着30多个国家汽车公司的900多辆汽车参展，是汽车界举足轻重的车展之一。从日内瓦车展大厅望去，所有展位都尽在眼底，这是因为瑞士的展览规则详尽细致，不允许有过大的公司标牌和展位阻挡视线（见图2-17）。

扫扫看

图2-17　日内瓦车展大厅

3. 巴黎车展

作为浪漫之都的巴黎，它的车展如同时装展，总能给人争奇斗艳的感觉。巴黎车展起源于1898年的国际汽车沙龙会，直至1976年每年一届，此后每两年一届，在9月底至10月初举行。1998年10月，巴黎车展恰逢开展一百周年，欧洲车迷期待很久的巴黎“百年世纪车展”以“世纪名车大游行”方式，让展车行驶在大街上供人观赏。法国的汽车设计一向以新颖独特著称于世，富于浪漫和充满想象力的法国人，总是在追求最别具一格的车型、风一般的速度和最舒适的车内享受，这些法国人的嗜好，都在巴黎车展中显露无遗，使得巴黎车展始终围绕着“新”字做文章，因此巴黎车展总是会概念车云集，各款新奇古怪的概念车常常使观众兴奋不已。

4. 北美车展（底特律车展）

一年一度的北美国际汽车展前身是美国底特律国际汽车展览会，由底特律汽车经销商协会主办，至今已经有百年的历史，是美国创办历史最长的车展（见图2-18）。1900年11月，纽约美国汽车俱乐部召开了第一届世界汽车博览会，1907年转迁到底特律汽车城，当时会场设在贝乐斯啤酒花园，小小的展示区中参加的厂商只有17家，车辆不过33辆。1957年，欧洲车厂终于远渡重洋而来，首次出现了沃尔沃、奔驰、保时捷的身影，获得了美国民众的高度重视，底特律车展的“王旗”正式树起。从1965年起，车展移师Cobo会议展览中心，1989年底特律车展更名为北美国际汽车展，每年1月开展。北美车展每年都有四五十辆新车型推出，但众多观众被吸引到车展的原因，除了对汽车的兴趣外，还因为车展办得像个大型假日集会，吃喝玩乐，热闹非凡。

NORTH AMERICAN INTERNATIONAL AUTO SHOW

图 2-18　北美国际汽车展（2017）

5. 东京车展

东京车展在五大国际车展中历史较短，第一次国际汽车展始于 1954 年，在日本东京近邻的千叶县举行，东京车展是目前亚洲最大的国际车展，被誉为“亚洲汽车风向标”。1999 年的东京车展创下了参观人数达 140 万的世界纪录，足见它的热闹程度。与其他西方大型车展相比，日本车展更具有亚洲的东方风韵。东京车展隔年轮流展示轿车和商用车，其鲜明的特点就是日本本土车厂出产的五花八门、千姿百态的小型汽车历来是车展的主角，同时，各种各样的汽车电子设备和技术也是展会的一大亮点。

6. 不可不知的国内车展

（1）北京车展

北京车展即 1990 年创办的北京国际汽车展览会（Auto China），每两年定期在北京举办（见图 2-19）。北京国际汽车展览会自创办以来，规模不断扩大，展会功能也由过去单纯的产品展示，发展到今天成为企业发展战略发布、全方位形象展示的窗口，全球最前沿技术创新信息交流的平台，最高效的品牌推广宣传舞台。随着展品品质逐届提高，影响也日趋广泛，众多跨国汽车企业将北京车展列为全球 A 级车展，北京车展为中国汽车工业的发展、自主汽车品牌的创立和发展发挥了重要的作用，同时为促进中外汽车业界的交流与合作，为中国会展经济的快速发展做出了巨大的贡献。

AUTO CHINA

Auto China 2018

北京车展

图 2-19　2018 北京车展 Logo 及主题宣传

（2）上海车展

上海车展创办于 1985 年，是中国最早的专业国际汽车展览会，逢单数年举办。2004 年 6 月，上海国际汽车展顺利通过了国际博览联盟（UFI）的认证，成为中国第一个被 UFI 认可的汽车展。伴随着中国汽车工业与国际汽车工业的融合发展，经过 30 多年的积累，上海国际汽车展已成长为中国最权威、国际上最具影响力的汽车大展之一（见图 2-20）。

图 2-20　热闹非凡的 2017 上海车展

（3）广州车展

中国（广州）国际汽车展览会创办于 2003 年，基于“高品味、国际化、综合性”的定位，经过十几年的发展，已成为中国大型国际车展之一。汽车零部件及用品展区是广州汽车展的重要特色之一，以阿尔派、伟世通、3M、广汽集团等企业为代表的几百家海内外知名零部件及汽车用品企业品牌都曾在广州汽车展上大放异彩。

（4）其他车展

国内其他车展一般是指 B 级车展，这些车展的举办地一般是各省的省会城市和汽车需求量较大的非省会城市，参展费用一般由经销商和汽车厂商共同分摊，不过由于参展商一般由经销商扮演主角，所以此类车展在本质上还是以展销为主，如杭州车展、武汉车展、长沙车展等。还有一些所谓的车展，根本目的只有一个——卖车。这一级别的车展一般很难吸引车企参与，一般都由当地经销商自发组织。

小贴士

◆汽车模特

汽车模特是各类车展的一道特殊风景线（见图 2-21）。汽车模特有别于服装模特和平面广告模特，汽车模特的展示要根据车型、车种的不同表现出在不同环境中的人与车、人与自然的关系，表现出人体美与汽车美的完美结合。不同类型的车型应配以不同性格、气质、装束的模特，其中包括职业型、豪放型、淑女型、知识型、家庭型等。不同汽车厂商对汽车模特文化素养的标准也不同，有的注重职业感觉，所谓白领气质，有的要有浪漫情怀，有的要充满活力，有的要有贵族气质，还有的更看好亲和力，即使本人不笑，但一看眼睛就能传神。

图 2-21　三菱与奔驰汽车模特

汽车模特

2.3.4　汽车俱乐部

人们对汽车的需求与企盼不仅推动了汽车生产，同时推动汽车后服务市场的发展。汽车作为一个深度融入社会生活的人类“朋友”，也是爱车族关注的焦点，也拥有一批忠实的、热心的“粉丝”——汽车迷。他们常聚合在一起，切磋驾驶技术，交流爱车心得，结伴驾车出行，讨论修理技术，寻觅配品备件，互相救助救援，汽车俱乐部的职能由此演变而来。汽车俱乐部（Automobile Club）是由汽车车主及汽车爱好者组成的，旨在传播汽车文化并为其成员提供各种服务的组织，它满足了车主不断增长的服务需求，承担了为汽车后服务市场提供服务的角色。

1. 汽车俱乐部的分类

汽车俱乐部的服务专业化程度越来越高，主要形成四种类型组织形式：

① 汽车爱好者俱乐部：主要由具有相同爱好的车主组织起来的俱乐部，如老爷车俱乐部、越野车俱乐部、改装车俱乐部等；

② 汽车品牌俱乐部：这是主要由拥有同一品牌汽车的车主组织起来的汽车俱乐部，如克莱斯勒俱乐部、路虎俱乐部等；

③ 汽车道路救援俱乐部：这种俱乐部主要为车主提供各种及时救援服务，如著名的国际旅游联盟（AIT）、美国汽车协会（AAA）等；

④ 其他汽车俱乐部。

汽车俱乐部还常常提供免费刊物、举办展览、组织车赛、驾车旅游组织等服务，在汽车的发展和使用服务方面起着越来越重要的作用。

按照服务的内容，汽车俱乐部服务又可以分为生产型和生活型。生产型服务是指俱乐部为会员提供各种有关车辆和车主本人的服务，它的目的是为广大会员解决在使用车辆的过程中所产生的实际困难；而生活型服务则是以会员为主体的各种休闲、娱乐和交友服务。汽车俱乐部是汽车文化的重要形式，它促使文化态汽车更加丰富多彩。

2. 汽车俱乐部的市场现状

在国外成熟的汽车市场，整车销售的利润只是占据汽车产业链利润的一部分，而在汽车售后服务环节存在着较高的市场空间和利润空间。同样，中国汽车工业的长足发展，不仅带动了与汽车生产相关产业的发展，也造就了汽车后服务市场的巨大空间。与汽车产品的生产及销售相比，汽车俱乐部行业的市场进入门槛低，存在着大量的存量市场和增长空间，市场还没有被真正挖掘出来。

① 全德国汽车俱乐部（ADAC）：现有 1 500 万会员，成立于 1903 年，是一家企业化运作、非营利性混合型组织。ADAC 拥有保险、空中救援、旅游、通信、汽车金融、汽车运动等领域的经营性公司 18 个，然而最基本的汽车救援等服务采取会员制的方式，收取少量的年费，向客户提供服务时不收费或少收费。

② 意大利汽车俱乐部集团（ACI）：成立于 1905 年，公开声明自己是法定的非营利组织，但却是一个上市公司。ACI 拥有 106 家汽车俱乐部，11 个全资公司，7 个参股公司，经营范围涉及旅游、保险、通信、出版传媒、救援、汽车运动、二手车评估等领域，设有 13 个分支机构，遍布意大利。

③ 日本汽车联合会（JAF）：成立于 1962 年，现有会员 1 720 万，基本会费为每年 2 000 日元。

④ 澳大利亚汽车协会（AAA）：成立于 1924 年，由 8 个州和地区的俱乐部组成，现有会员 620 万。

⑤ 北京大陆汽车俱乐部有限公司（CAA）：自 1995 年创办以来，已从单一的北京道路救援服务机构发展成为以道路救援为核心业务，融汽车保险理赔、车务、物流、质保、会员服务、二手车增值服务等为一体的汽车后市场综合服务管理平台（见图 2-22）。CAA 总部位于北京，2012 年在上海设立分公司，在成都、广州设立了区域办事处，2013 年在天津设立了进口车事务部。依托投资发起人澳洲保险集团强大的经济支持及先进的国际管理经验，CAA 已成为中国成立最早、规模最大的汽车救援专业机构。

图 2-22 北京大陆汽车俱乐部有限公司（CAA）的宣传页

⑥上海安吉汽车俱乐部有限公司：由上海汽车工业销售有限公司发起设立，是国内首批汽车俱乐部之一。自 2001 年成立以来，安吉始终坚持为会员提供专业化、高品质的全方位的汽车后续服务，并积极推进汽车文化发展，倡导由“车”至“人”的汽车服务理念，取得了出色的公司业绩和良好的市场口碑，已被业界公认为汽车后续服务行业“最具吸引力企业”之一。

⑦ 江苏苏友汽车俱乐部（SYAA）：正式运营于 1999 年 5 月，注册资金 1 080 万，是华东地区创建最早、规模最大的汽车俱乐部。苏友汽车俱乐部还是国内与国际汽车俱乐部组织接轨最早、交流最多的汽车俱乐部之一。

2.3.5　汽车模型

为了推广促销、赠送纪念及品牌宣传，许多汽车企业会将自己的经典车型和重点车型的比例仿真模型委托或授权给模型厂商生产，常见模型比例有1∶12，1∶15，1∶18，1∶20，1∶24等，这些精美细致的仿真模型知识产权归属于原汽车厂商，为广大汽车迷所喜爱。

1. "国产原厂"汽车模型

国内知名的汽车模型厂商开发生产的仿真模型，其设计和工艺细致程度都不输国外知名模型品牌，而国外品牌的加工基地大部分也都设在中国。所谓"国产原厂"汽车模型，顾名思义就是国外委托或授权国内汽车模型厂商生产的仿真模型，这类世界知名品牌"汽车"或刻画细致或精美绝伦，制作品质优秀但知识产权归属于委托者，因此在车模界有"国产原厂"的美名。随着中国汽车产业的发展，国产车型也逐步建立起自己的车模文化形象并为大众所喜爱，相信中国汽车品牌的车模产品的收藏价值也会慢慢显现出来。

车模的乐趣

2. 汽车模型的知名品牌

① Maisto（美驰图）：香港美昌玩具旗下的品牌，成立于1994年，原产地泰国，目前已在我国广东省设立工厂。Maisto主打1∶18合金车模产品（见图2-23），也生产1∶10、1∶12、1∶24、1∶43的模型产品，款式众多，价格相对低廉，更新速度较快，是入门级收藏者及普通车模爱好者的主要选择。其产品划分为珍藏车系列、尊贵车系列、赛车系列、改装车系列、拼装车系列、拖车系列、摩托车系列和遥控车系列。

Maisto

图2-23　Maisto的1∶18 Jeep牧马人合金车模

② AUTOart（奥图亚）：德国的AUTOart品牌已经于香港成立了合资公司，并在东莞建设了生产工厂，除了主力生产1∶18比例车模外，还生产1∶12、1∶32、1∶43和1∶64等比例车模，还有灵感来自于汽车零部件的家居及办公室用品。AUTOart产品做工精细，品质优秀，在众多车模品牌中属于中高档次，销往世界各地，并在世界各地拥有固定的销售网络。其产品线丰富，取得国外多家汽车制造厂的仿真车生产及销售特许权，为大多数追求品质的车模爱好者所喜欢（见图2-24）。

图 2-24　AUTOart 的阿斯顿·马丁 ONE－77 车模（1∶18）

③ KYOSHO（京商）：KYOSHO 是日本车模品牌，主打 1∶18 高级合金模型。KYOSHO 车模做工精细，特别是质感非常强，比较厚重，拿在手里感觉很沉，车身表面的油漆质量能与真车相媲美，各种镀件、彩绘、车身文字都比较讲究。KYOSHO 是德国宝马公司的指定模型制造商，在宝马汽车的展示厅中，凡是大比例的车辆模型，都是由 KYOSHO 打造的。KYOSHO 还获得法拉利的授权，在全球范围内生产和销售法拉利系列产品模型（见图2-25）。近年来，KYOSHO 又取得了奔驰和奥迪高端产品的版权，由此可见其模型质量非同一般。

图 2-25　KYOSHO 生产的 1∶18 奔驰 GL500 大型 SUV 车模

④ MINICHAMPS（迷你切）：德国保罗模型艺术公司成立于 1990 年，而其生产工厂则选择在中国。其 MINICHAMPS 品牌在公司网站的介绍中，只有一句话：我们销售小车模，我们喜欢小车模。MINICHAMPS 品牌主要为高端汽车品牌代工的 1∶18 的车模产品，在工艺上精细入微，绝无含糊，成为热销收藏品（见图 2-26）。

图 2-26　MINICHAMPS 车模

⑤ Franklin（富兰克林）：美国的 Franklin 是专业制造合金精品车模和纪念品的品牌，仿真对象主要是汽车历史上著名的车型，其模型不仅是车模爱好者的精美藏品，也是汽车发展历史的艺术展现。其产品用料考究，全部手工打造，单看其精良的手工艺术便让人叹为观止，其价格从几百元到数千元不等，在静态车模界享有盛誉（见图 2-27）。

图 2-27 Franklin（富兰克林）车模

⑥ CMC：这是一个德国顶级比例模型品牌，1985 年在德国斯图加特开业，1995 年在中国深圳委托加工 CMC 品牌产品并在 2000 年在深圳设立独资工厂。CMC 一贯坚持严格的工厂管理，以最高精密度按照原始汽车设计图复制，生产毫无瑕疵的模型汽车，其所有汽车模型都由数百个甚至上千个零件手工组装完成，车款主要来自德国奔驰、奥迪，意大利法拉利等拥有悠久历史的汽车品牌。由 CMC 精挑细选而打造出来的古典汽车模型收藏品在国际模型行业获大奖无数，该公司出品的模型大多数品种都被欧美汽车博物馆收藏作为汽车文化的见证（见图 2-28），其生产的车模在全球限量发行，被全球的收藏家视为不可多得的珍品，当然其价格肯定不菲。

图 2-28 纯手工精雕细作 CMC 透视车模

2.4 汽车社会的和谐运转

汽车的普及和产业发展为人类社会的发展起到巨大推动作用，但同时汽车也无疑对人类的“地球村”产生巨大的影响，其中最为显著的就是对能源的巨大消耗和对环境的严重污染，汽车产业的可持续发展不仅是其本身要面临的考验，也是人类“汽车社会”和谐运转所面临的巨大挑战。

2.4.1 节能减排——汽车技术的主流方向

20世纪60年代的石油危机后低油耗、小排量经济型汽车在各大汽车公司得到前所未有重视，也发展成为汽车工业的一次重大机遇。石油危机时代，高油价给汽车消费者带来的影响是家庭能源支出增加，因此而削减的消费开支实际影响到整个社会的消费；油价持续上扬同样还使得企业成本上升，盈利空间缩小。汽车企业由此受到严重的来自企业内外的双重压力。可以说，每次石油危机都给世界经济发展前景蒙上了一层阴影（见图2-29），汽车的高效节能也由此成为国际汽车工业的技术主流和市场竞争的突破点。

现代汽车保有量的大幅增加是把双刃剑，在方便人类工作生活、促进经济发展的同时，也因为尾气排放等原因对自然环境造成巨大负面影响。在全球气候变暖的大趋势下，节能减排成为全球共同的行动纲领，汽车环保节能也成为汽车工业的追求目标，汽车技术面临一次新的革命。在今天的中国，发展环保节能的新能源汽车被视为与世界汽车行业“并驾齐驱”的赶超机会。

图2-29 石油危机影响

新能源汽车最主要特点是低消耗、污染少甚至无污染，目前常见的类型有电动汽车、天然气汽车、混合动力汽车、代用燃料（如甲醇、乙醇）汽车、燃料电池汽车等。

电动汽车在行驶中没有污染物排放，对环境的影响相比传统汽车要小；天然气汽车尾气排放指标远低于汽/柴油汽车；混合动力汽车能够至少从两类能量装置（如发动机和电池组）的组合中获得动力，在减少燃料消耗的同时可显著减少尾气排放；乙醇生物燃料汽车可减少对化石燃料的依赖并减少废气排放；而由煤经过气化加氢催化获得甲醇燃料，其性能与汽油接近，可以极大丰富我国煤炭资源的运用方式，减少环境污染；燃料电池汽车以燃料电池作为动力源，如氢燃料电池，其化学反应过程只产生水，因此燃料电池车辆是无污染汽车，同时燃料电池的能量转换效率比内燃机要显著提高，因此从能源的利用和环境保护方面来看，燃料电池汽车是一种理想的车辆。

以往环保节能汽车发展速度较慢，主要受制于能源转换技术和电池储能技术的水平，无法大规模产业化，汽车成本高，各国政府主要通过购买补贴的形式推动新能源汽车产业发展。在政策的推动下，传统汽车企业将巨大资源投入到技术研发中，一些其他行业的产业资本也转型进入新能源汽车领域，这些都极大促进了关键技术的进步和积累。目前新能源汽车即将进入厚积薄发的新阶段，我国也在 2018 年对相关产业补贴的政策实施调整，以进一步推动新能源汽车产业的发展。

2.4.2　产品召回——汽车运行的制度保障

产品召回制度在中国的历史并不长，由于汽车产品的使用涉及人员生命和社会安全，这类特殊产品召回制度的真正意义实际上超出了汽车本身运行的保障要求。汽车召回是指汽车制造企业在产品投放市场后，发现由于设计或制造方面的原因存在缺陷，不符合有关法规和标准，有可能导致安全及环保问题，厂家必须及时向国家有关部门报告产品存在问题及其原因、改善措施等，提出召回申请，经批准后对在用车辆进行返回改造，以消除事故隐患。厂家还有义务让用户及时了解有关召回信息，对于维护消费者的合法权益具有重要意义。

汽车召回

1. 国外汽车召回

汽车召回在欧美日韩等汽车大公司中早已不是一件新鲜事。其中，美国的汽车召回历史最长，相关的管理程序也最严密。美国早在 1966 年就开始对有缺陷的汽车进行主动召回，至今美国已总计召回超过 2 亿辆整车，2 400 多万条轮胎，涉及的车型有轿车、卡车、大客车、摩托车等，全球几乎所有汽车制造厂在美国都有过召回案例。在这些召回案例中，大多数是由厂家主动召回的，但也有一些是受主管部门美国国家高速公路交通安全局（NHTSA）的影响或 NHTSA 通过法院强制厂家召回的。

法国实行汽车召回制度也有相当长的时间，对缺陷汽车召回已经形成了比较成熟的管理制度。在法国，汽车召回属于各种商品召回的一部分，其法律依据是法国消费法的 L221 -5 条款。这一条款授权政府部门针对可能对消费者造成直接和严重伤害的产品发出产品强制召回令。

日本从 1969 年开始实施汽车召回制度，1994 年将汽车召回写进《公路运输车辆法》，并在 2002 年做了进一步修改和完善。仅 2001 年日本就召回 329 万辆，其中大多数是由企业依法自主召回。

韩国从 1992 年开始实施汽车召回，当年只召回了 1 100 辆，无论是汽车厂家还是车主对召回制度的认识都不十分清楚。但随着政府对汽车安全的要求更加严格，车主权利意识不断提高，召回数量在不断增加。到 2000 年，召回数量增加到 56 万辆，2001 年为 57 万辆，2002 年达到 129 万辆。但这并不是说汽车质量下降了，而是说明公众的质量法制意识提高了。

2. 国内汽车召回

2004 年 6 月 17 日，一汽轿车股份有限公司主动向国家质量监督检验检疫总局递交召回申请，决定于6月18日开始与日本马自达公司同步召回2002年12月26日至2004年3月25日期间生产的Mazda 6轿车，进行燃油箱隔热件加装。此番事件使一汽轿车成为中国汽车召回制度的第一个“吃螃蟹者”，成为尊重用户的先行者。

召回制度在中国是一个“舶来品”，只要简单了解一下国外实施召回的历史，就会发现召回行动一般都是厂商主动去实施的。在这个制度的影响下，不管生产厂商多么负有盛名，几乎每家企业都有数量不等的召回记录。由于受高田安全气囊事件的影响，2017年国内各品牌汽车召回总量超过2 000万辆（见图2-30）。“主动召回”是诚实品质的表现，是一种勇于负责的行为，汽车厂商因此获得的市场形象认可不是广告宣传所能取得的。因此，无论是汽车生产企业还是汽车经销公司已经将产品召回视为一个重要的市场保障行为。在2018年6月的一个月中，仅在国家市场监督管理总局缺陷产品管理中心发布的国内市场汽车产品召回公告就达27份，涉及大众、宝马、奔驰、马自达、林肯、玛莎拉蒂、保时捷、沃尔沃、英菲尼迪、起亚、本田、吉普、力帆、丰田、比亚迪、奥迪等品牌的进口车型及国内生产车型，总数超过18万辆。

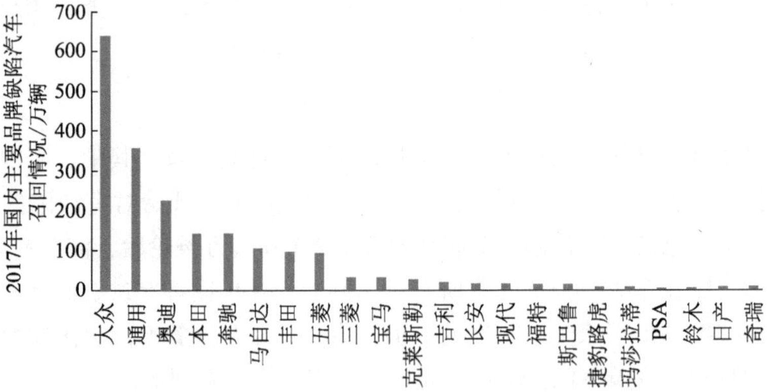

图2-30 2017年国内主要品牌缺陷汽车召回情况

2.4.3 报废回收——产业循环再发展

1. 报废汽车的影响

(1) 报废汽车回流的社会危害

汽车行驶到一定里程或年限，其性能可靠性严重下降，安全系数大大降低，已不符合道路行驶条件，必须停止使用进入报废状态。国务院公布的《报废汽车回收管理办法》对加强报废汽车回收管理作了明确规定。但目前报废汽车被非法回收、拆解、拼装并重新上路使用的情况仍时有发生，甚至造成重大交通事故。报废车重新流入社会的一个重要途径就是“非法拼装”，若报废车辆被再次“改装”进入路面行驶，将是对社会公共安全的极大危害。

(2) 报废汽车对环境的污染

汽车零部件有成千上万个，既有铜、铁、铝等金属材料，也有橡胶、塑料、玻璃、涂料等有机和无机非金属材料，是众多种物质材料的集合体。如果报废汽车拆解后失管，许多塑料橡胶零部件会被大量遗弃或燃烧，严重污染水体、土地和大气环境；除大量使用的铜、铁、铝外，废旧汽车还有镉、铅、汞等重金属，若这些含重金属或重金属化合物的材料处理不当，同样会对土地、水源和空气环境造成严重威胁。

2. 我国报废汽车回收现状

目前，我国对报废汽车在拆解处理过程中产生的环境污染及材料回收利用率还没有详细规定，报废汽车回收后的循环利用还主要限于使用量大的废金属的再利用，其他材料回收利用率不高，而橡胶、塑料、玻璃等大多作为垃圾进行处理，如果废液和废弃物处理不当极易导致严重环境污染事件发生。此外，尽管2001年国务院颁发了《报废汽车回收管理办法》，将报废汽车回收工作纳入法制化管理的轨道，但其在市场现实环境中的可执行性差。

我国废旧车辆拆解回收现状可归纳为：企业数量多，规模小，手段原始落后，效率低，许多材料不能回收利用。在技术上体现为材料耗损率高，回收率低，缺乏针对塑料、橡胶、有色金属等分类回收技术。同时汽车回收管理混乱，有大量报废车、拼装车及报废车的总成部件重新流入社会，给社会造成危害。

3. 积极发展报废汽车的回收与利用

我国目前没有统一的拆车厂，拆车技术也不规范，也没有关于旧车回收的设计和研究机构。对于报废旧车上的零部件的回收使用，没有检测手段。随着汽车使用年限和行驶里程的缩短，汽车更新速度将加快，汽车更新量将进一步增加，汽车回收的效益将有所提高。车辆回收与再制造的产业化，对于促进汽车更新换代，推动汽车工业和交通运输事业的发展，节约资源，保障交通安全，减少环境污染，促进经济、社会、环境的持续、协调发展，提高综合效益，都具有十分重要的意义。

对于我国报废汽车的回收和利用现状进行改善的有效途径主要有：

① 进一步完善报废汽车回收与利用的政策，建立报废汽车回收的研究中心；

② 汽车制造厂参与回收与利用自己的报废汽车；

③ 明确汽车在设计中可回收利用率目标和时间表；

④ 对报废汽车处理过程进行规范；

⑤ 开发新材料和新工艺，使车辆中用到的零部件能被最有效地循环利用。

习题 2

1. 简述全球汽车产业和我国汽车产业布局的相同点与不同点。
2. 汽车法规对汽车的普及和转型起到哪些作用？
3. 结合自身了解的情况，说说全国与西南地区的汽车整车制造厂主要有哪些。
4. 谈谈国内外汽车零部件市场的特点，以及本土汽车零部件企业优势与不足。
5. 汽车产业链中，最重要的一环是哪个部分，对汽车产业有哪些方面的影响？

6. 简述汽车收藏的意义。
7. 作为一个汽车专业学生或职业人，如何在这些消费市场创造更多的价值?
8. 汽车展览有哪些形式?展览的目的是什么?
9. 石油危机给汽车带来哪些方面的影响?
10. 汽车设计中如何考虑可回收性?汽车回收后如何有效利用?

第3章

认识汽车

——品牌与历史

△ 德国汽车品牌的辉煌

△ 美国汽车巨头

△ 法国著名的汽车品牌

△ 日本汽车的崛起

△ 中国汽车企业品牌之路

3.1 德国汽车品牌的辉煌

1766年英国的发明家瓦特（1736—1819）改进了蒸汽机，这意味着第一次工业革命拉开了序幕。1887年，德国的卡尔·弗里德里希·本茨（见图3-1）把他的第一辆汽车卖给了法国人埃米尔·罗杰斯，这象征着世界上真正意义上的第一辆现代汽车开始销售。卡尔·本茨是现代汽车工业的先驱者之一，世界闻名的戴姆勒-奔驰汽车公司的创始人之一，因此获得了"汽车之父""汽车鼻祖"的美誉。由此可见，德国可谓是现代汽车的发源地，也是生产汽车历史最悠久的国家，德国的汽车公司及其创立的品牌可以说是享誉全球。

图3-1 卡尔·弗里德里希·本茨

3.1.1 梅赛德斯-奔驰汽车公司

1. 公司的发展与演变

成立时间：1926年6月。

创始人：卡尔·本茨和戈特利布·戴姆勒。

公司总部：位于德国斯图加特。

● 1883年，卡尔·本茨创立了奔驰公司和莱茵煤气发动机厂，它是奔驰汽车公司的雏形。

● 1890年，戴姆勒汽车公司成立，设计师迈巴赫设计了第一台直列四缸四冲程发动机。

● 1909年，戴姆勒汽车公司以三叉星徽的图案作为公司的商标并正式注册。

● 1926年，两家公司合并成立了戴姆勒-奔驰汽车公司，并将产品统一命名为梅赛德斯-奔驰。

● 1934 年，制造了世界上第一辆防弹汽车。

● 1936 年，首次将柴油发动机安装在轿车上，这意味着轿车的使用费用大大降低。

● 1939 年，梅赛德斯－奔驰开始关注并着手研究汽车安全性能。

● 1954 年，一项革命性的创新技术——燃油直接喷射系统应用于 6 缸发动机的 220 型豪华轿车，它取代了传统的化油器，技术远远领先于那个时代的其他同类车型。

● 1959 年起，梅赛德斯－奔驰着手进行碰撞试验研究。

● 1961 年，公司推出了第一款带有空气悬架的汽车。

● 1972 年，公司开发了全新的豪华车 280SE，随后将其命名为“S－Class”，这是最早的 S 系列车型。

● 1974 年，公司推出了世界上第一款 5 缸柴油发动机的汽车 240D 3.0。

● 1978 年，公司推出了一款搭载 5 L 排量的轻型铝合金发动机的汽车 450SLC 5.0。

● 1979 年，公司凭借全新 G－Class 车型，正式进军越野车市场。

● 1986 年，梅赛德斯－奔驰（中国）汽车销售有限公司正式在香港成立。随着在中国市场业务不断扩大，公司于 2006 年将总部迁至中国首都北京，并拥有在中国大陆，以及香港和澳门特别行政区销售梅赛德斯汽车产品的所有经销权。

奔驰汽车品牌经历了 100 多年的发展而驰名世界，已经成为世界汽车工业经典、创新、奢华与未来的标杆。

2. 梅赛德斯－奔驰的商标

1909 年，戴姆勒汽车公司将三叉星徽作为商标正式注册，三叉星象征着水、陆、空机械化的雄心壮志。随着时代的变迁，三叉星徽的商标设计经历了多次修改，它作为奔驰的车标也发生多次改变（见图 3-2）。

(a) 奔驰(1909年)　(b) 戴姆勒(1909年)　(c) 梅赛德斯-奔驰(1926年)　(d) 现代立式车标

图 3-2　奔驰车标的演变

3. 梅赛德斯－奔驰车型系列

梅赛德斯－奔驰 2015 年开始陆续启用新的车型命名体系，新体系围绕着 5 个核心级别——A 级、B 级、C 级、E 级和 S 级（见图 3-3），部分沿袭了奔驰原有命名体系，所有车型都以 13 个大写字母组合的形式体现各级别的不同车型。

新的命名体系首先应用于 SUV 车型。奔驰 SUV 车型系列由三个字母命名，沿用其越野车鼻祖 G 级车的首字母 G，以表达对这款经典车型的敬意；第二个字母 L 在奔驰车型历史上反复出现，起到连接作用；第三个字母表示该车型的级别。GLA，GLC，GLE，GLS 代表了以 A－Class，C－Class，E－Class，S－Class 为平台的 SUV 车型，其体积也由小到大排列。常见的 SUV 和其他车型见图 3-4。

图 3-3　奔驰五大核心级别轿车

在新的车型命名体系下，不同驱动动力的车型使用尾缀小写字母的形式命名，其中 h 将代表混合动力，e 代表插电式混合动力或纯电动车型。

图 3-4　奔驰的 SUV 和其他车型

3.1.2 宝马的复兴

1. 宝马公司的发展

创立时间：公司创建于1918年。

创立人：卡尔·路浦和古斯塔夫·奥托。

公司总部：德国慕尼黑。

● 1913年，航空史上的先驱卡尔·路浦和古斯塔夫·奥托创建了自己的公司。卡尔·路浦的工厂主要生产航空发动机，古斯塔夫·奥托的工厂生产飞机。

● 1916年，宝马公司成立，卡尔·路浦和古斯塔夫·奥托将自己的工厂合并为BFW（Bayerische Flugzeug-Werke），主要生产飞机。公司于1918年改名为宝马汽车公司（BMW）。

● 1919年，迪莫驾驶双翼机搭载Max Friz（麦克斯·费兹）设计的BMW IV水冷直列6缸发动机，创下9 760 m的高度飞行记录。

● 1923年，一战后凡尔塞条约禁止德国制造飞机发动机，一禁就是5年，这迫使宝马公司转而生产摩托车。

● 1925年，BMW开始研制汽车。

● 1928年，BMW买下主要生产Dixi小型车的Eisenach汽车厂，从此BMW开始它的汽车制造史。

● 1929年，BMW推出首辆挂有BMW标志的315型小轿车。

● 1932年，公司对315型小轿车进行改造，BMW Eisenach工厂终于制造出了第一辆属于自己设计的车型BMW 320。

● 1933年，德国的柏林车展上，宝马推出了最新的303型高性能双门四座轿车，配置了一台6缸、双化油器、气缸容积1.173 L、功率为22 kW的发动机，该车引擎盖就已经占了车身长度的一半，两边通风隔设计相同，以中线分开，车厢空间充足和舒适。这是第一辆真正的宝马车，成为宝马汽车的一个标志性车型。

● 1936年，宝马推出的328型车对跑车界的影响巨大，其最高车速接近150 km/h，轻型的管状底盘使悬挂系统相对更软，操作极为轻便。

● 1961年，现代宝马的鼻祖BMW1500首次亮相法兰克福车展，立即大获好评。此时宝马公司已是全球最杰出的汽车制造商之一。

● 1977年，宝马公司又推出世界著名的宝马7系列豪华汽车，代表着高雅舒适和细节的完美，采用最先进的科技，受到全球很多汽车爱好者的追捧。

● 1998年，宝马收购了劳斯莱斯商标和标志，并与大众签订协议，从2003年开始生产劳斯莱斯汽车。

● 1999年，宝马推出8系列豪华跑车。

● 2005年，宝马推出H_2R燃料电池汽车。

● 2017年12月5日，宝马公司宣布，将在德国慕尼黑进行无人驾驶汽车测试。

2. 宝马商标

宝马的商标是中间蓝白相间图案（见图 3-5），代表蓝天、白云和旋转不停的螺旋浆，寓意宝马公司渊源悠久的历史，象征着公司过去在航空发动机技术方面的领先地位，又代表着公司一贯宗旨和目标：在广阔的时空中，以先进的精湛技术、最新的观念，满足顾客的最大愿望，反映了公司蓬勃向上的气势和日新月异的新面貌。

图 3-5　宝马商标的演变

3. 宝马主要车型介绍

宝马的车系有 1、2、3、4、5、6、7、8（停产）、i、M、X、Z 几个系列。其中，1 系是小型汽车，2 系是小型轿跑，3 系是中型汽车，4 系是中型轿跑（含敞篷），5 系是中大型汽车，6 系是中大型轿跑（含敞篷），7 系是豪华 D 级车，i 系是宝马电动车以及混合动力系列，M 是宝马的高性能与跑车版本，X 系是宝马特定的 SDV 车系，Z 系是宝马的入门级跑车。

图 3-6　常见 BMW 车型

3.1.3　贴近民众的“大众”车

1. 大众公司的发展

创立时间：创建于 1938 年。

创立人：大众汽车公司的创立人波尔舍，也是世界著名的汽车设计大师。

公司总部：德国的沃尔夫斯堡。

- 1938 年，大众汽车公司开始在沃尔夫斯堡建厂。
- 1945 年，大众甲壳虫车型（Beetle）投入大量生产，此车型一推出就深受人们的喜爱。
- 1964 年，收购奥迪汽车公司。
- 1973 年，生产出首款帕萨特（Passat）轿车。
- 1974 年，研发了大众高尔夫（Golf）车型。
- 1985 年，大众进入中国，并在上海安亭成立了上海－大众汽车有限公司，目前拥有朗逸、途观、桑塔纳、帕萨特和斯柯达品牌等系列产品。
- 1991 年，一汽－大众汽车有限公司成立，捷达是该厂组装第一款车型。
- 1991 年，成功收购了斯柯达汽车公司。
- 1998 年，先后收购布加迪、兰博基尼等汽车公司，并一跃成为欧州第一大汽车公司。
- 2009 年，并购保时捷汽车公司，公司规模进一步壮大。

甲壳虫汽车

2. 公司商标

大众汽车公司商标由两个单词的首位字母 V 和 W 组合而演变成三个 V 的图案，表示“必胜—必胜—必胜”的信心。图 3-7 为大众商标的发展变化。

图 3-7　大众商标的演变

3. 大众公司的主要品牌

大众汽车公司除了大众品牌外，还拥有奥迪、兰博基尼、保时捷、布加迪、宾利等著名品牌（见图 3-8）。

图 3-8　大众公司的主要品牌

① 奥迪（Audi）

奥古斯特·霍希（见图 3-9）1899 年在科隆成立了自己的公司。1903 年，生产了两缸汽车发动机。1909 年，霍希成立了新公司奥迪（Audi）。1911 年，公司设计并生产了 6 缸和 8 缸发动机，并制造了德国的第一辆卡车。1931 年，公司推出世界上第一台前驱汽车。1932 年，公司正式使用四环徽标的商标，代表奥迪、小奇迹、霍希和漫游者四家联盟公司“精诚所致，金石为开”的精神。

图 3-9 奥古斯特·霍希

② 兰博基尼（LAMBORGHINI）

兰博基尼公司于 1963 年成立，是一家意大利汽车生产商，公司位于意大利圣亚加塔·波隆尼，费鲁吉欧·兰博基尼是公司的创始人。兰博基尼是全球顶级跑车和欧洲奢侈品品牌之一，其标志是一头充满力量、正向对方攻击的斗牛，彰显了不甘示弱的个性。其经典车型见图 3-10。

图 3-10 兰博基尼经典车型

③ 保时捷（Porsche）

保时捷汽车公司总部位于德国斯图加特市，以生产豪华跑车和运动型越野车为主。保时捷汽车商标是举世熟知的 Porsche 盾徽，一匹跃动的黑马象征着惊人的爆发力；正中央“ Stuttgart”字样代表保时捷公司的所在地斯图加特，四周图案取自巴登符腾堡州的州徽，并镶以德国国旗黑、红、黄三色，共同构成一面令人热血沸腾的图案。保时捷汽车的主要车型有 911、Boxster、Cayman、Panamera、Cayenne、Macan 等（见图 3-11）。

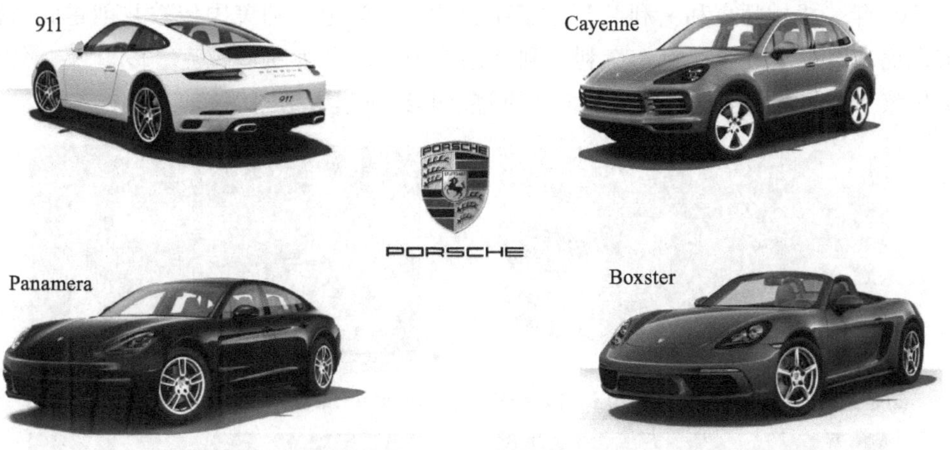

图 3-11　保时捷的经典车型

3.2　美国汽车巨头

3.2.1　通用汽车公司（GM）

1. 公司的演变

创建时间：1908 年。

创始人：威廉·杜兰特。

公司总部：美国密歇根州底特律。

● 通用汽车公司的前身是 1903 年由大卫·别克创办的别克汽车公司，1904 年美国的马车制造商威廉姆·C·杜兰特买下别克汽车公司。

● 1908 年，杜兰特成立通用汽车公司，收购奥兹莫比尔汽车公司。

● 1909 年，收购奥克兰汽车公司，并购凯迪拉克等汽车公司。

● 1911 年，杜兰特成立雪佛兰汽车公司。

● 1917—1920 年，杜兰特先后收购 17 家小汽车公司，规模扩大了 8 倍。

● 1925 年，并购沃克斯豪汽车有限公司，1931 年正式收购欧宝公司。

● 20 世纪末，通用公司着眼于向全球市场扩张。1997 年，上海通用汽车有限公司成立，它由上海汽车集团股份有限公司、通用汽车公司共同出资组建而成。

2. 公司主要品牌

目前，美国通用汽车公司在全球生产和销售包括雪佛兰、别克、GMC、凯迪拉克、宝骏、霍顿、欧宝、沃克斯豪尔、五菱等一系列品牌车型并提供服务，包括电动车、微型汽车、重型全尺寸卡车、紧凑型车及敞篷车。

（1）标新立异的凯迪拉克

1902 年，机械师亨利·利兰创立了凯迪拉克。为纪念到美国传教并创建底特律城的安东尼·门斯·凯迪拉克，亨利·利兰德将公司取名为凯迪拉克。1909 年，公司加入通用汽车公司，并创造汽车界的多个奇迹。其经典车型见图 3-12。

(a) 世界第一辆全包式车型（4缸，5座，铝皮包裹）

(b) 世界上第一台16缸发动机V16SportPhaeton

(c) 高压缩比、顶置式气门的V8发动机SixtySpecial

(d) 首次采用了前轮驱动Eldorado

图 3-12　凯迪拉克部分经典车型

凯迪拉克早期的商标上为冠，下为盾，周围为郁金花花瓣构成的花环，冠代表尊贵血统，盾象征着英勇，花环表示荣誉。凯迪拉克一直为美国总统和许多政要定制大型豪华轿车和专用车型。图 3-13 为现代凯迪拉克的热销车型。

(a) ATS-L

(b) CT6

Cadillac

(c) ESCALAD

图 3-13　现代凯迪拉克畅销车型

（2）不断进取的别克

别克公司成立于 1903 年，1908 年加入通用汽车公司。

别克商标是由红、白、蓝颜色的“三颗子弹”组成，“三颗子弹”排列在不同高度位置上，寓意着一种积极进取、不断攀登的精神，如图 3-14 所示。

通用与中国

图 3-14　别克商标

目前别克汽车以生产中档家庭轿车为主，经典车型见图 3-15，其旗下在国内销售的主要车型有英朗、君威、君越，林荫大道、GL8、昂科雷等。

(a) 别克首款车型Model B

(b) Y-Job是首款双座敞篷跑车，5.2 L直列8缸发动机

(c) 首款硬顶敞篷轿车,5.2 L直列8缸发动机

(d) LeSabre双燃料车型，具有下雨时自动关闭敞篷的湿度传感器

图 3-15　别克经典车型

（3）大众化的雪佛兰

雪佛兰由威廉·杜兰特和路易斯·雪佛兰在 1911 年创建，其商标很有特色，图案是金色的蝴蝶结，文字中 CHEVROLET 是瑞士的赛车手、工程师路易斯·雪佛兰的名字（见图 3-16）。

图 3-16　雪佛兰商标

雪佛兰是通用汽车旗下最为国际化和大众化的品牌，图 3-17 为雪佛兰公司的经典名车，如今雪佛兰拥有迈锐宝、科鲁兹、赛欧、创酷、科迈罗等众多车型。

(a) 1917年490轿车，当时售价仅490美元

(b) 1934年suburban carryall多功能车型,SUV的鼻祖

(c) 1949年Fleetline是雪佛兰旗舰车型

(d) 现代“大黄蜂”科迈罗

图 3-17　雪佛兰名车发展史

3.2.2　福特汽车（FORD）——脱缰的“野马”

1. 公司的发展

创立时间：1903 年。

创始人：亨利·福特（Henry Ford，见图 3-18）。

图 3-18　亨利·福特

● 1896 年，福特研发了双缸气冷式四马力（2.94 kW）汽车。

● 1903 年，福特汽车公司正式成立。

● 1908 年，推出世界上第一种性能完备而价格低廉的普及型 T 型车。

● 1913 年，开发了世界上第一条生产流水线，至 1927 年时 T 型车累计产量达到 1 500 万辆，创造了一个世界记录。

● 1922 年，以 800 万美元收购林肯品牌。自 1939 年美国的富兰克林·罗斯福总统开始，林肯汽车被选为总统用车。

● 1938 年，福特汽车公司推出水星品牌，进军中档车市场。

● 1955 年，推出雷鸟（Thunderbird）品牌，它是福特公司第一款私人豪华轿车。

● 1993 年，福特开始在中国建立汽车零售业务，还先后在中国成立了 6 家零部件合资企业。

● 1994 年，阿斯顿·马丁成为福特汽车公司的全资子公司。

● 1996 年，收购马自达的股份扩大到 33.4%，成为最大的股东。

● 1999 年，收购沃尔沃轿车业务（后出售给中国吉利汽车）。

● 2000 年，从宝马公司收购路虎品牌（2008 年路虎被印度塔塔集团收购）。

● 2001 年，长安福特汽车有限公司成立，首辆在华量产车型福特嘉年华 2003 年上市。

2. 公司主要品牌及经典车型

福特汽车的标志采用英文字母 Ford 的图案，蓝底白字。由于创建人亨利·福特喜欢小动物，所以标志设计者把福特的英文字母画成一只小白兔的造型样子。

福特旗下的经典车型及品牌包括福特、林肯、阿斯顿·马丁、野马等（见图 3-19），还拥有世界最大的汽车信贷企业（福特信贷）、全球最大的汽车租赁公司（Hertz）及汽车服务品牌（Quality Care）。

(a) 1903年福特A型车

(b) 1955年雷鸟（Thunderbird）

(c) 野马(MUSTANG)

(d) 2018年福特F-150猛禽

图 3-19　福特部分经典名车

林肯汽车于 1907 年由亨利·利兰创建，1922 年被福特公司收购。林肯的商标非常独特，正中长形围绕的十字星象征着尊严和庄重。林肯汽车是第一个以总统的名字命名的品牌，公司以生产服务于行政和商务的高级汽车而著称，其打造的林肯大陆（continental）高级轿车曾作为福特、卡特和里根三位美国总统的专用座驾（见图 3-20）。林肯品牌著名的车型产品有：MKC、MKZ、大陆（Continental）、马克八世（Mark Ⅷ）、城市（Town Car）和领航员（Navigator）等。

图 3-20　林肯 Continental 车型

3.3 法国著名的汽车品牌

目前为止，法国是欧洲第二大汽车生产国以及全球汽车行业领先者之一。法国三大汽车品牌标致、雪铁龙和雷诺具有悠久历史和享誉度，标致和雪铁龙两个公司已经合并成标致－雪铁龙集团（PSA），PSA 集团是仅次于大众集团的欧洲汽车巨头，而雷诺与日本日产汽车公司也组成了雷诺－日产联盟。

3.3.1 标致汽车（Peugeot）

创立时间：1890 年。

创始人：阿尔芒·标致。

● 1810 年，标致兄弟公司成立，主要生产小型金属零件。

● 1819 年，标致家族成立 Peugeot－Frereset Compagie 公司，建立新的工厂开始生产钟表、缝纫机等产品，并取得了成功。

● 1886 年，采用链条传动的标致自行车问世并批量生产，这一创举改变了自行车结构的传统认知，让自行车骑行成为真正的流行。

● 1889 年，这是标致汽车的元年。阿尔芒·标致和著名的蒸汽动力学家莱昂·塞伯莱合作，制造了一辆以标致命名的三轮蒸汽动力汽车，并在庆祝法国大革命 100 周年的巴黎万国博览会上展出。

● 1929 年，标致推出标致 201。1932 年标致 301 诞生，流线型“曳地裙裾”尾部设计成为汽车设计的样板之作。1934 年第一款硬顶折叠敞篷车 401Eclipse 诞生。

● 1976 年，标致公司收购米其林在雪铁龙 90% 的股份，至此，标致正式将雪铁龙纳入旗下，并成立标致－雪铁龙集团（PSA）。

● 1978 年，PSA 集团又收购了克莱斯勒设在法国、英国和西班牙的三家子公司，不但扩充了标致的产品阵容，也进一步加强了标致在全球汽车制造业中的地位。

● 2002 年，东风汽车将标致品牌引入中国，由神龙汽车公司生产制造，东风标致属神龙汽车有限公司旗下品牌。

● 2010 年，中国长安汽车集团和法国标致－雪铁龙集团联合发表声明，已经就在中国成立汽车合资企业签署了合作意向书，双方将各持有新公司 50% 的股权。长安汽车将成为标志－雪铁龙集团继与东风汽车之后，在国内设立的第二家合资公司。

小贴士

标致的英文 Peugeot 曾被译为“别儒”，公司采用狮子作为汽车的商标（见图 3-21）。据说别儒的祖先曾到美洲和非洲探险，在那里见到了令人惊奇的动物——狮子，为此就用狮子作为本家族的徽章。后来，这尊小狮子又成为蒙贝利亚尔省的省徽。古往今来，狮子的雄悍、英武被人们视为高贵和英雄，古埃及的巨大雕塑“斯芬克司”就是人首狮身，代表法老的威严和英武。因此，标致公司为使用“狮子”商标而感到自豪。

在标致100多年的造车历史中，形成了若干系列产品，紧凑型家庭轿车是其主流产品，其经典和流行车型见图3-21。

(a) 第一台标致汽车

(b) 标致301

(c) 标致401

(d) 标致307

(e) 标致5008

图3-21 标致的经典与流行车型

3.3.2 “前驱”先锋——雪铁龙

创建时间：1919年。

创始人：安德烈·雪铁龙。

● 1913年，安德烈·雪铁龙创办雪铁龙齿轮厂。

● 1919年，法国雪铁龙汽车公司成立。

● 1919年，雪铁龙推出Type A汽车，受亨利·福特先进造车理念的启发，这是第一种在法国批量生产、维护简单、价格便宜的大众普及车型。

● 1932年，雪铁龙7CV汽车诞生，这是一款超凡脱俗、能在汽车史上留下深刻烙印的车型，首次采用无车架承载式车身、前轴驱动和独立前悬架，世界汽车历史也由此从后驱车迈向了前驱车时代。

● 雪铁龙只用了几年时间就成为欧洲排名第一的量产车公司。1933 年，法国道路上行驶的商用车有 40% 是雪铁龙汽车。

雪铁龙品牌商标以双人字标为基础，整体富有金属感的光泽，轮廓立体而圆润，极富时尚感和现代气息。同时，双人字造型也让人们记住 1913 年安德烈·雪铁龙利用获得的人字齿轮专利开创了雪铁龙公司的历史。雪铁龙目前的代表车型有 C4、C5、C6 等（见图 3-22）。

(a) C4世嘉

(b) C5天逸AIRCROSS

图 3-22　雪铁龙 C 系列

3.4　日本汽车的崛起

3.4.1　丰田汽车公司

1. 丰田的发展

创建时间：1933 年。

创始人：丰田喜一郎。

公司总部：日本爱知县丰田市。

● 1933 年，在丰田自动织布机制作所内设立汽车部。

● 1936 年，造出丰田 AA 型轿车。

● 1937 年，丰田汽车工业公司成立。

● 1955 年，丰田推出首款排量为 1.5 L 的皇冠小轿车。

● 1957 年，丰田首次向美国出售汽车，并成立销售公司。

● 1962 年，丰田正式进军欧洲市场。

● 1966 年，第一代花冠（COROLLA，现译为卡雷拉）问世，深受广大消费者的青睐，掀起了日本家用汽车热。

● 1970 年底，丰田推出了小型跑车赛利卡（Celica）。

● 1971 年，丰田的年产量达到了 200 万辆，一跃成为世界第三大汽车制造商。

● 1974 年，丰田与日野、大发等 16 家公司组建了丰田集团，其中小型企业组成的协作网多达到 280 多家。

● 1982 年，丰田汽车工业公司和丰田汽车销售公司重新合并，正式更名为丰田汽车公司。

● 1983 年，丰田推出了佳美（CAMRY，现译为凯美瑞）车系，与本田的雅阁（Accord）系列轿车在北美争夺市场。

● 1989 年，丰田在美国的豪华车分部凌志（LEXUS，现译为雷克萨斯）诞生，并于当年在底特律车展展出凌志的第一辆车凌志 LS 400。

● 1998 年 11 月，四川一汽丰田汽车有限公司成立；2000 年 6 月，天津一汽丰田汽车有限公司成立；2004 年 9 月，广汽丰田汽车有限公司成立。

2. 丰田经典车型

相比欧美汽车企业，丰田的历史不算久远，但凭借良好的机遇和丰田特有的准时化（Just In Time，JIT）、看板方式、标准作业、精益化等生产管理理念与方法，丰田汽车实现了迅速发展。2017 年，丰田的全球汽车销量为 1 044.1 万辆，连续 5 年超过 1 000 万辆，保持世界前三名的地位，是日本汽车业崛起的代表。图 3-23 是早期丰田的几款车型。

(a) 第一代皇冠（1955年）　(b) 第一代花冠（1966年）

(c) 第一代佳美（1983年）　(d) 第一代凌志（1983年）

图 3-23　丰田部分历史车型

现在的丰田商标（见图 3-24）从 1990 年初开始使用，造型为三个椭圆，大椭圆代表地球，中间由两个椭圆垂直组合成一个 T 字，代表丰田公司（TOYOTA）。它象征丰田公司立足于未来，对未来的信心和雄心，也象征着丰田公司立足于顾客，对顾客的保证，象征着丰田与用户紧密相连，相互信赖，同时寓意丰田的高超技术和革新潜力。

丰田的豪华车品牌雷克萨斯（LEXUS）早期的中文译名“凌志”，2005 年 6 月，丰田公司宣布将 LEXUS 的中文译名由“凌志”改为“雷克萨斯”，这是因为“雷克萨斯”的读音与英文 Luxury 一词相近，使人联想到豪华。雷克萨斯使用 LEXUS 首字母 L 的变形设计作为其车标，“L”的外面用一个椭圆包围。椭圆代表着地球，表示雷克萨斯汽车遍布全世界。

图 3-24　丰田与雷克萨斯的车标

丰田汽车公司车型十分丰富，国内主要车型品牌有皇冠（Crown）、卡雷拉（Corolla）、雷克萨斯（Lexus）、凯美瑞（Camry）、兰德酷路泽（Land Cruiser）等（见图 3-25）。

(a) 皇冠 (CROWN)　(b) 海狮 (HIACE)

(c) 普瑞维亚 (PREVIA)　(d) 雷克萨斯GS

图 3-25　丰田及雷克萨斯常见车型

3.4.2　本田汽车公司（HONDA）

1. 本田汽车的发展

创建时间：1948 年。

创始人：本田宗一郎。

公司总部：日本东京。

- 1948 年，本田技研工业株式会社成立，开始生产 A 型发动机助力自行车。
- 1954 年，公开宣布进入摩托车竞赛活动，5 年后首次参加摩托车大赛。
- 1963 年，首次生产 T360 微型卡车。
- 1964 年，本田 RA271 赛车作为第一辆日本 F1 赛车进入 F1 一级方程式赛道，并在一年后首次夺冠。
- 1966 年，本田创造了二级方程式赛车史上连续 11 胜的历史记录。
- 1982 年，本田是第一个在北美开设整车生产厂的日本公司，第一辆雅阁（Accord）轿车在美国工厂下线。
- 1986 年，本田豪华汽车品牌 Acura（中文译为阿库拉或讴歌）在美国诞生。
- 1991 年，本田实现一级方程式赛车六连霸。
- 1998 年 7 月，广州本田汽车有限公司和东风本田发动机有限公司成立，开始大规模进入中国整车市场。

本田除了生产汽车、摩托车外，还生产汽油机、发电机、植保机械等通用机械，其摩托车产销量位居世界首位，汽车产量和规模名列世界十大汽车厂家之列。

2. 本田经典车型

本田标志融入了字母“H”和“M”的字形，在这两个字母上有鹰的翅膀，象征着“飞跃的本田技术和本田公司前途无量”（见图 3-26）。其中，雅阁（Accord）作为本田创新精神和全球领先技术的体现者，持续创造新价值，赢得全球超过 1 900 万用户的信赖。本田飞度（Fit）是一款全球车型，精巧细致，符合时代潮流。思域（CIVIC）的第一代车型自 1972 年诞生以来，至今也有 10 代传承，为不同国家消费者喜爱，现推出了两厢车、硬顶跑车 Coupe、混合动力版、五门房车多种车型。本田旗下的经典车型见图 3-26。

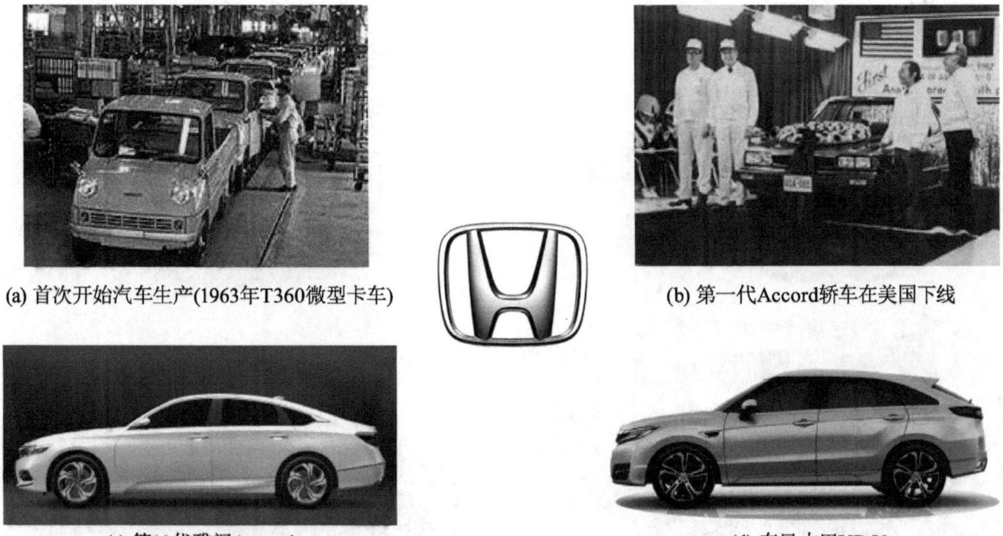

(a) 首次开始汽车生产(1963年T360微型卡车)

(b) 第一代Accord轿车在美国下线

(c) 第10代雅阁Accord

(d) 东风本田UR-V

图 3-26　本田经典车型

汽车与中国

3.5 中国汽车企业品牌之路

3.5.1 中国第一汽车集团公司

中国第一汽车集团公司（简称中国一汽或一汽集团），总部位于吉林省长春市，前身是第一汽车制造厂，毛泽东主席曾为其题写厂名。一汽1953年奠基兴建，1956年建成并投产，制造出共和国史上的第一辆解放牌卡车，1958年制造出第一辆东风牌小轿车和第一辆红旗牌高级轿车。一汽的建成，开创了中国汽车工业新的历史。经过60多年的发展，一汽已经成为国内最大的汽车企业集团之一。2017年销售汽车334万辆，营业额达4 698亿元，连续蝉联世界500强榜单。

一汽集团整车企业及品牌主要包括一汽解放、一汽轿车（红旗、奔腾）、一汽客车（解放）、一汽大众（大众、奥迪）、一汽马自达（马自达）、一汽丰田（丰田）等（见图3-27）。

红旗 一汽解放 一汽轿车 一汽-大众 FAW-VOLKSWAGEN 一汽丰田

图3-27 一汽集团主要整车企业及品牌

中华人民共和国建立初期，在我国的公路上行驶着130多种不同牌号的汽车，就像“万国汽车展览”一般，但却没有一种是国产的。如今，一汽不仅书写了国产汽车的许多历史第一，也发展了解放、红旗、奔腾等自主品牌和经典车型（见图3-28），解放品牌中重型卡车产销规模已经连续多年位居第一，红旗高级轿车因专为毛泽东等国家领导人使用，被称作“中国第一车”而享誉中外。

图3-28 一汽自主品牌和经典车型

3.5.2 上海汽车工业集团

上海汽车工业（集团）总公司（简称“上汽集团”）是我国汽车工业具有代表性的特大型企业集团之一，目前正在从传统的制造型企业，向为消费者提供全方位汽车产品和出行服务的综合供应商发展，主要业务包括整车（含乘用车和商用车）、零部件、汽车服务贸易业务、汽车金融与保险等。上汽集团所属主要整车企业包括上汽乘用车、上汽大众、上汽通用、上汽通用五菱、上汽依维柯红岩、上汽大通等（见图 3-29）。2017 年，上汽集团整车销量达到 693 万辆，并以 2017 年度 1 288.19 亿美元的合并销售收入，第 14 次入选《财富》杂志世界 500 强，排名第 36 位。

图 3-29 上汽集团的主要汽车企业及品牌

目前，上汽集团所属合资企业生产的许多车型为消费者所熟悉，如上汽大众的桑塔纳、帕萨特、POLO、途观、途安，以及斯柯达系列，上汽通用公司的凯迪拉克、别克、雪佛兰系列。除此之外，上汽集团大力开发自主品牌，推出了一系列畅销车型，如荣威、名爵 MG、大通、宝骏等（见图 3-30），自主品牌形象得到极大的提升。

图 3-30 上汽集团自主品牌车型

习题3

1. 谈谈德国奔驰、宝马、奥迪这三家企业在哪些地方做得比较优秀。

2. 简述美国福特和通用汽车公司的发展之路。

3. 日本汽车公司和欧美汽车公司在变大变强的过程中，主要依靠的是什么?

4. 作为一名消费者，你倾向于购买的理想车型应该具有哪些特征?

5. 简述国内汽车企业与国外汽车公司的差异性特征。

6. 谈谈当前我国汽车企业处于国外一流汽车公司哪个时期的技术水平。

7. 看看下面的“品牌墙”，你能否全部认识它们，从中推荐两家国内比较优秀的汽车企业，并说出理由。

昌河	北汽幻速	北汽威旺	凯翼	金杯	知豆
福特	日产	别克	标致	捷豹	雪铁龙
长安马自达	JEEP	哈弗	特斯拉	名爵	启辰
林肯	WEY	长安铃木	一汽奔腾	宝沃	中华
比速	观致	纳智捷	五菱	斯威汽车	北汽制造

大众	丰田	本田	宝马	奔驰	奥迪
吉利	北京现代	宝骏	雪佛兰	英菲尼迪	凯迪拉克
北京汽车	雷克萨斯	奇瑞	沃尔沃	路虎	江淮
斯柯达	三菱	众泰	荣威	传祺	阿尔法·罗密欧
雷诺	东风	领克	比亚迪	起亚	猎豹
长安汽车	海马	斯巴鲁	众泰大迈	力帆	长安欧尚
smart	汉腾	君马	讴歌	MINI	野马汽车
陆风	DS	长城	开瑞	华泰	五十铃

第4章

认识汽车

——行驶的艺术品

△ 独具魅力的汽车造型艺术

△ “概念车” 的概念

△ 汽车的色彩

4.1 独具魅力的汽车造型艺术

现代汽车早已超越了代步工具的意义，成为工业技术与造型艺术结合的工业艺术品。现代汽车外观和内饰的设计不仅要考虑机械工程学、人体工程学、空气动力学的技术工艺性能，还要考虑年龄、性别、文化、群族、地域等不同背景下的不同需求特点，通过汽车造型技术的“装扮”，在外部造型、内部环境、色彩调配上，赋予钢铁制造的汽车独特、舒适、靓丽的美感，满足消费者的审美意愿，让机械的汽车成为“养眼”的有灵性的流动艺术品，让驾车人充分享受。具有品牌个性的造型设计还能够刺激消费者的购买欲望，带来良好的市场形象效应，例如车迷群里形成的 Jeep 族、甲壳虫族、高尔夫族、Mini 族等，多少都与车辆的个性化造型设计有关联。

4.1.1 现代汽车造型特点

汽车内在的安全性、操控性、耐用性、经济性等优秀性能，都不是驾驶者能首先感受到的，而漂亮的外表、光鲜的颜色、精致的仪表内饰、舒适的座椅才是人们最直接的“第一印象”，造型技术因为能使汽车独具魅力而备受重视。在汽车工业的不同时期，产生了一些经典的汽车造型，如马车形、箱形、甲壳虫形、船形、鱼形、楔形的车身外形设计（见图 4-1），这些造型设计都与当时的设计技术、生产条件和性能要求有着紧密的联系。而今天，计算机的应用及试验技术的创新为现代造型技术提供了充分可能，形成了现代汽车造型的新的技术特征：

① 造型复合化。针对不同型式的汽车外形的特点，将多种造型融合形成个性化造型，达到汽车的设计目标。

② 空气动力性能优化。运用空气动力学理论和风洞试验对汽车外形进行不断改进，提高汽车空气动力学的性能以改善整车动力性、操纵稳定性和舒适性。

③ 造型个性化。个性化的造型是不同公司产品的标志性形象符号，具有明显的市场知晓度和区分度，并引领市场潮流，如宝马公司的 Mini 系列、大众甲壳虫系列的设计。

(a) 马车造型　(b) 箱形车身

流线形与汽车

(c) 甲壳虫流线形车身　(d) 船形车身

(e) 鱼形车身　(f) 楔形车身

图 4-1　经典汽车造型

④ 人性化设计。用户对于产品的个性化需求日益增加，汽车企业面向客户人性化的产品服务已经成为市场竞争的一个必然选择，也包括个性化的外观和人性化的内部环境设计，以使用户获得更好体验。如为车辆配置不同的车身附件，如行李架、踏板、天窗、灯具、尾翼和车身涂装的不同组合等，还有车内仪表设计、座椅配置的人性化等。

⑤ 设计专业化和全球化。随着汽车市场的不断增长，专业分工也进一步细化，出现了许多专业汽车造型设计公司和知名设计大师，他们塑造的一些车型成为汽车产业经久不衰的工业艺术典范。

世界各国的汽车除了这些共性特点以外，也因为地域、历史、民族、文化与价值观的差异而有着各自的造型特征，例如：

轻巧、简洁、美观、多变是日本轿车的最大特点。

美国的广袤大地造就了美国汽车宽大和霸气的造型喜好，同时，美国是个“车轮上的国家”，驾驶是一种生活，他们对汽车家居般的要求也体现在车型设计上。

德国的汽车向来外观中庸，但是以品质可靠和做工精细而著称，因此造型严谨而传统，坚固和耐用的感觉体现出德国人精细、严谨的作风。前几年奔驰 E 系列的四个圆形头灯设计甚至在全球汽车设计界掀起一股复古风，引得众多品牌纷纷效仿。

英国汽车被形象地称为“别墅”，更高贵、更绅士，这是英国车标榜的造型理念。因此英国汽车造型一直保留着早期流线形时代的一些遗传因素，以经典风格为主，车身线条多以优雅流畅的曲线为主，很少见到激进大胆的设计，劳斯莱斯、宾利等品牌更将手工打造超级豪华车的概念保留并发扬到极致。

意大利是世界主要工业发达国家之一，在汽车造型方面，他们独特的艺术设计风格、创造性才能，极大地丰富了现代设计的内涵，他们更倾向于把现代设计作为一种艺术和文化来操作，“艺术的生产”成为意大利设计师的新口号。意大利人被认为是富有激情的乐天派，在意大利车上有许多脑洞大开的设计，但并不是追求怪异，而是富有艺术气息的美感，颇具浪漫魅力。专门负责提供概念车或者新车设计的Italdesign（意大利设计），Pininfarina（宾尼法利纳），Bertonee（博通），I. DE. A，GHIA等声誉卓著的意大利设计中心，以及塞尔吉奥·宾尼法利纳、乔治·亚罗等汽车设计大师，他们所提供的作品始终代表着汽车设计美学的黄金准则。例如，现在奔驰在世界上就有2 500多款车型出自乔治·亚罗和他的Italdesign设计室，包括为中国市场定制的华晨中华轿车、菲亚特派力奥、别克凯越HRV、雪佛兰景程等许多车型（见图4-2）。

(a) 一汽奔腾B70

(b) 铃木雨燕SX4

图4-2 Italdesign设计的中国市场车型

4.1.2 现代汽车造型技术

1. 市场竞争推动了造型技术的发展

汽车行业的激烈竞争要求企业以最短的周期、最小的开发费用、最好的质量性能开发新车型，这关系到汽车企业的生存和发展，因而出现了车型平台化的概念，目的就是使得设计开发技术要实现快速市场反应和低成本开发。例如在计算机与信息技术的支持下，尤其是CAD/CAE/CAM技术的推广应用，1999年美国福特和通用公司宣布实现全新车型开发周期分别为22个月和24个月，最终目标是12—18个月。汽车开发技术的发展和开发周期的缩短，同样对汽车造型技术起到极大的推动作用和市场带动作用，各厂家的车辆变型更加多样性，改型速度更快。

汽车造型必须依据客户的要求和车辆交通法规的要求。例如欧洲和日本汽车厂商都热衷于小型汽车的开发，但日本汽车造型设计追求“空间利用率”的目的是为了符合本国法规的外形尺寸限制，要在有限的车身尺寸下争取最大的内厢空间；而欧洲设计小型车的主要目的是省油和使用方便，同时适应许多城市并不宽阔的道路特点。无论是大型车还是小型车，无论是外观还是内部，无论是原型还是改装，汽车造型都要保证车辆的操控稳定性、空间视野、可视性、安全性等。

2. 数字化造型设计成为主流

汽车造型设计要遵循造型设计的技术规程进行，其中，车身造型设计是整个设计工作最重要的内容。汽车是现代化的大批量流水生产的产品，汽车设计的内容要求更严密，要经过一步步可靠的技术验证，否则设计中的错误或缺陷将会在批量生产中造成严重的后果。传统的汽车造型设计和现代先进的造型技术都基本采用图 4-3 的步骤进行。

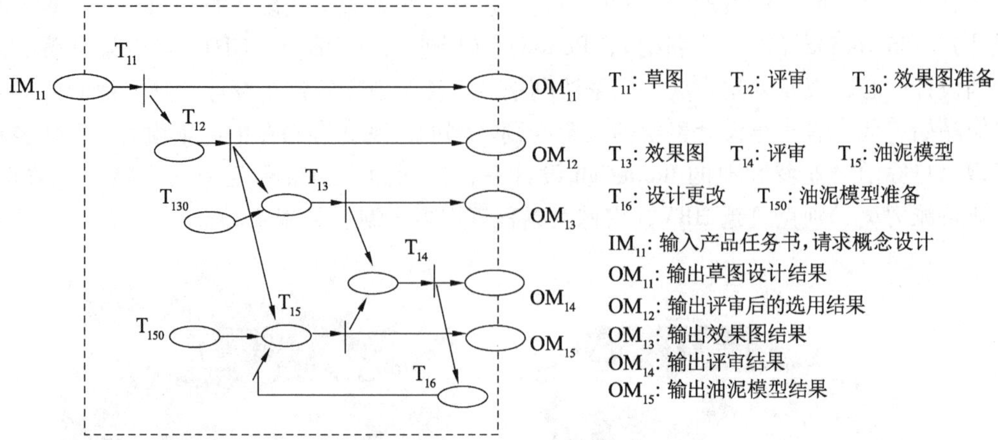

图 4-3　汽车造型并行设计流程

由于技术的发展，现在的造型设计已经越来越依赖计算机三维设计软件，甚至有些设计手工模型都不做了，而是直接采用三维计算机曲面造型，然后由数控加工出油泥材料或可加工塑料的内外模型，只是在此模型上局部修改时采用油泥材料修改。有些设计只完成 1∶5 油泥模型或直接采用三维软件进行曲面造型和造型设计（CAS），然后通过三维测量光顺后再数控加工 1∶1 塑料主模型。目前，传统的方法还在不同程度地与先进方法并行使用。

20 世纪 90 年代以前，新型轿车从构思到试产一般要经历 45 年，如今汽车造型设计手段不仅更加快捷和方便，也使原来不可能的设计方案成为可能。造型设计可以通过数字化曲面构造，然后数控加工模型，在数控模型上精确修改和定型是汽车开发的主要形式。

小贴士

◆数字化模型和三坐标测量及逆向工程

通常汽车造型设计过程始于模型制作阶段，通过三坐标测量机测量模型，得到模型上离散的点集（云）。1999 年德国发明的数字照相及激光结合起来的测量技术，成千倍地提高了测量和逆向的效率：将点集数据输入计算机，运用 CAD 将其连成光顺的曲线，建立数字化模型，进行初步设计和可行性分析，即相当于胶带图效果；然后通过专门的 CAD 设计软件，用曲线建立起整个车身的表面数学模型，设计人员在电脑前可以进行任意的修改；再通过数控铣床制造 1∶1 全尺寸模型，供设计人员进行试验、修改和定型；然后通过测量机对全尺寸模型进行测量，将数据输入计算机并建立汽车外形数学模型，并用图形显示终端显示出来，模型的三维曲面视图可以旋转，从不同的角度进行细节观察，十分直观，而且该模型可以用于边界分割和数控加工。在这里，数字化模型的运用不但使人从繁重的劳动中解脱出来，缩短了设计周期，而且能够保证设计精度，降低设计开发的成本。

3. 虚拟仿真的设计发展趋势

应用虚拟现实 VR 的设计技术，模拟汽车的视野效果和汽车的操作环境，大大降低了汽车设计过程中试制的费用，同时提高了汽车的设计质量和水平。采用快速、高质量和低成本的虚拟设计技术，利用声、光、电和 CAD 三维实体建模技术可以模拟不同设计思路或方案选择下获得的不同结果，实现产品工作性能和外观设计的直观检查和仿真评估，实现产品开发设计的最优化（见图 4-4）。虚拟仿真的设计技术是汽车设计包括造型设计的发展趋势。

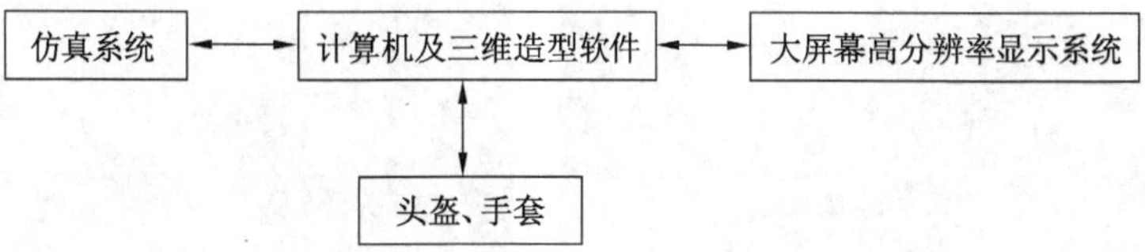

图 4-4　汽车造型虚拟仿真设计

4.2　“概念车”的概念

汽车造型与汽车制造具有几乎同样长的发展历史，经过百年的发展和分工，汽车造型设计技术本身也逐步演化成一个汽车设计的专业门类。如同时装设计一样，出现了“概念车”设计，设计师以“概念车”来阐述汽车设计的理念和把握车辆设计的潮流。

未来概念

4.2.1　概念车发展轨迹

概念车（Concept Car）可以理解为未来汽车，它是一种介于设想和现实之间的汽车，是尚未开始进入市场的一种设计独特且具有一定超前意识的新车型（见图 4-5）。汽车设计师利用概念车向人们展示新颖、独特、超前的构思，反映人类对先进汽车的梦想与追求。这种车往往只是处在创意、试验阶段，主要用于车辆的开发研究和开发试验，塑造新的汽车外观、验证新的结构原理等，概念车也许永远不会投入真正的生产。

(a) 奔驰Biome　　(b) 马自达

图 4-5　奔驰 Biome 和马自达的概念车

别克 Y－Job 是汽车界公认的世界第一辆概念车（见图 4-6），它于 1938 年由美国通用汽车艺术和色彩部首任主任、美国汽车造型之父——哈利·厄尔（Harley Earl）制造的。许多年以前，人们在讨论 21 世纪的汽车时，无一例外地为它们配置了如火箭或宇宙飞船那样的外壳造型，以及原子能、太阳能之类强大且便利的动力。如今，公路依然是公路，汽车也还是 4 个轮子加 1 个车壳，但其内涵有了巨大的变化。概念车的最大功能就是发现与引导这些外观和内在的变化方向。

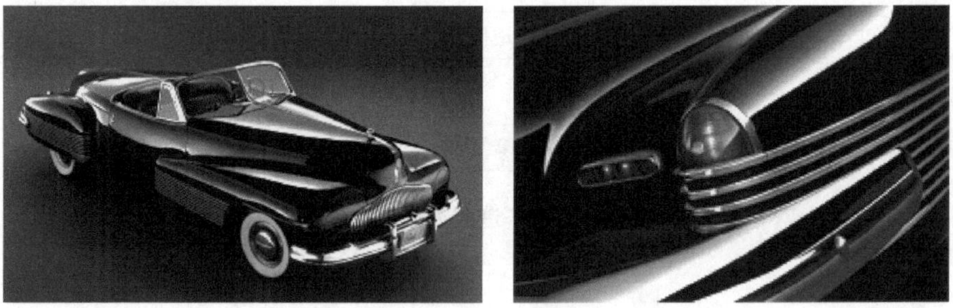

图 4-6　第一辆概念车——别克 Y－Job

20 世纪五六十年代，概念车只是木制框架上的纤维玻璃车体，它们是为了展出而制作的，甚至连动力装置都没有。现在世界各大汽车公司都不惜投入巨资研制概念车，并在国际汽车展上亮相，一方面了解消费者对概念车的态度，从而继续改进；另一方面也是为了向公众显示本公司的科技实力、设计新观念和产品开发水平，从而提高自身形象。所以真正在车展上大放异彩的不光是各个品牌即将推出的量产新车，还包括新颖靓丽的各式概念车。概念车因其科技思想最超前、艺术造型最前卫，代表着汽车未来发展方向，往往是车展最具吸引力的汽车。概念车在大型车展中的重要性，在一定程度上也是衡量车展水平高低的依据之一。

4.2.2　概念车的分类与作用

概念车可以分为两种，一种是能跑的真正汽车（见图 4-7a），另一种是设计概念模型车（见图 4-7b）。

第一种类型的概念车比较接近于批量生产车型，其中采用的先进技术已经由试验验证逐步走向实用，一般在 35 年可成为汽车公司投产的新产品。

第二种类型的概念汽车是更为超前的设计，但因科研水平、生产工艺、制造成本等原因，还停留于对未来设计的研究设想阶段，也许永远不会成为商品。

(a) 雷诺概念车

(b) 丰田概念车PM

图 4-7　概念汽车

概念车越来越为大众所关注，是汽车造型设计技术进步的结果。对汽车企业而言，制作概念车的作用概括起来主要有三个：一是展示汽车公司形象和产品设计开发能力，特别是针对大型车展的概念车展示；二是作为产品工程样车的质量评价和性能分析之用，在开发过程中，通过试制概念车可以直观评价汽车的人机工程性能与内外造型质量，以便于设计修改；三是用于设计验证，有些概念车发展成为试验用车即工程试验车（Prototype），以往大型汽车公司的每种新车需要制作 200500 台试验车用于大量的整车测试和零部件系统检测，以便于量产前设计更改和配套企业同步更新。2000 年后，由于数字化设计与仿真技术的发展，以及各公司车型零部件平台化设计，试验样车数量逐步减少，只需 2050 台样车便可完成生产前的设计验证。

需要说明的是，概念车设计制造与汽车造型设计及车身设计不同，它们可以同步进行，也可以分开独立进行。

4.3　汽车的色彩

汽车色彩是汽车造型的元素之一。汽车色彩包括车身外表的油漆颜色和内饰各种材料的颜色，以及它们的组合。驾乘者及车外路人对汽车所蕴含的美感来自于车身内部环境的设计，以及汽车外表与环境色彩的协调映衬。在车型繁多而汽车外观、性能、配置具有同质化倾向的今天，汽车色彩已成为汽车造型区分度的重要特征之一，这无疑成为可能影响消费者的重要因素。同样品牌型号的汽车可能会因车身颜色不同而有不同价格，这已经司空见惯。

4.3.1　汽车的“流行色”

现代设计体系中，对色彩的“情感”已经有了一套非常成熟的理论。比如绿色和蓝色有环保色的意义；而较亮的红、黄、橙则富有激情和动感；无色系也往往代表中性的无性格，属于百搭，这也就解释了为何黑、白、银占据了全球汽车销售数量的绝大多数。以外饰漆来说，漆面也有很多讲究。金属漆和珠光漆的质感明显高于高光漆；而亚光漆剑走偏锋，保养不易，量产车用得少，但是在改装圈里并不少见，亚光漆尤其是亚光深色漆，会给人一种深邃的感觉。

不同时期的汽车外观“流行色”现象始终都存在的。1965 年以前，灰色汽车备受青睐；1965 年开始盛行蓝色、灰色和银色汽车；1968 年，黄色汽车迅速增多；1970 年，橄榄色汽车逐渐增多；1977 年，褐色汽车最受欢迎；1982 年，白色汽车占到总数的 50%，1985—1986 年，白色汽车占到总数的四分之三；1989 年最畅销的汽车色彩是白色和红色，之后黑色汽车销售量增加。进入 21 世纪，银色成为首选颜色；到了 2007 年，白色/珍珠白色又超越银色成为市场“最爱”。汽车色彩的流行趋势并非孤立现象，是一个演变的过程，并将长期如此。

在中国，中高级轿车多用于公务和商务，加上国内汽车消费者观念相对保守，更容易接受日本和德国的中庸色彩风格，黑色显得较为高档稳重而又不张扬，所以占据着最大的车身色彩“份额”。国内市场选择银色和黑色的消费者占到六成多，符合国人追求“稳”的特点。

4. 3. 2 汽车色彩的影响力

1. 汽车色彩与职能定位

在汽车的使用过程中，“习惯成自然”使某些颜色逐渐具有特殊意义。比如在我国，消防车采用醒目的红色，救护车是白色配红十字符号，邮政车选择了绿色的“天使色”，军用车辆一般都为军绿色和各式战斗迷彩涂装以便于隐蔽。

高级豪华轿车用得较多的是黑色或类似的深色调；中等级别的轿车一般选用浅色或中性色；年轻人喜爱的运动车型则要求色彩浓烈；客车、旅游车则常以三种以上的色彩组成具有动态的色带，飘逸而不失稳重。许多专用车辆还在底色上涂以功能标志的图案，例如救护车上的红十字标志，冷藏车上的雪花标志、企鹅图案，物流车辆的公司 LOGO，危险物运输车的警告标示等。

2. 汽车色彩与地域

由于全球不同区域光照强度有差别，造成人们对不同颜色的偏好。如果日照时间长，光强相对较强，使得车身的日照面与背面光线映射反差很大，那么用柔和的中间色能消除这种反差。因此，巴西有很多粉色的轿车，美国纽约为中心的大西洋沿岸的人喜欢浅色，而意大利人就喜欢黄色和红色，如著名的法拉利跑车全是红色的。

由于世界各国的文化不同，人们的色彩观念也不同，有各自的颜色偏爱和禁忌。在伊朗、科威特、沙特阿拉伯、伊拉克等国家，黄色是禁忌的颜色，绿色却被他们认为是生命之源的代表而受到推崇。阿拉伯民族喜欢白色，中东地区阿拉伯国家市场占有率最大的是白色汽车，他们不喜欢大面积火红的颜色，当地几乎没有红色的汽车。在美国和加拿大，茶色、浅蓝色最受欢迎，其次是白色、杏黄色。日本最受欢迎的是白色，其次是红色、灰色等。

在中国，红色象征喜庆、幸福，红色的代表含义几乎都是正面、积极的，因此，中国汽车市场红色汽车的比例相对于其他地区要高。由于在中国人的印象里，高档车和官方用车主要都是黑色的，因此黑色被视为高端车的色彩特征，加之消费者有从众心理，黑色汽车也就相对较多。但是目前随着汽车消费年轻化、个性化的转变，黑色的集中度正在减弱。

3. 汽车色彩与安全

心理学家认为，视认性好的颜色能见度佳，因此把它们应用于轿车外部可以提高行车的安全性。视认性主要与下列因素有关：

① 颜色的进退性：即所谓的前进色和后退色，比如让红、黄、蓝、绿色的轿车与观察者保持等距离，在观察者看来，似乎红、黄色轿车要近一些，蓝、绿色轿车要远一些。因此，红、黄色也称为前进色，蓝、绿色也称为后退色，前进色的视认性较好。

② 颜色的胀缩性：相同车身上不同的颜色，会产生体积大小不同的感觉。如黄色感觉大些，有膨胀性，称为膨胀色；蓝、绿色感觉小些，有收缩性，称为收缩色。膨胀色与收缩色视认效果不一样。根据日本和美国车辆事故调查结论，发生事故的轿车中，蓝色和绿色的车最多，黄色的车最少，可见膨胀色的视认性较好。

③ 颜色的明暗性：颜色在人们视觉中的亮度是不同的，可分为明色和暗色。红、黄色为明色，明色车的车型看起来小一些、远一些和模糊一些，明色的视认性较好。

从安全角度考虑，轿车以使用视认性好的颜色为佳。有些视认性不太好的颜色，如果进行合理搭配，也可以提高视认性，如蓝色和白色搭配，效果就大为改善。荧光和夜光漆可增强能见度和娱乐气氛，因而被广泛用于各种赛车、摩托车等。

4. 汽车色彩与营销

如今，汽车色彩已成为品牌文化的重要组成部分，在品牌的设计开发、生产制造、市场推广环节发挥着越来越重要的作用。由于汽车外形趋同，颜色成为区别汽车造型的关键要素之一，同品牌型号的汽车可能会因车身颜色的差异而受到不同程度的关注，销量也会不同。美国色彩营销集团主席马丁说："各种色彩的产品都可能被卖出，但正确的色彩能够让产品卖出更大的价值。"现代心理学研究成果表明，色彩是最能影响视觉感受并且左右消费的重要因素之一。色彩设计给企业和产品带来的低成本、高附加值效应是惊人的，相关调查数据表明：在不增加成本的基础上，通过改变产品的颜色，可以给产品带来意想不到的附加值。色彩不仅可以提升产品本身及包装的价值，还可以成为企业形象识别的核心要素。

以前消费者选购汽车时，价格、售后服务、品牌、配置、油耗等因素最为重要。但随着汽车从身份地位象征和实用工具逐渐转变成大众时尚的消费品，消费者不仅看重汽车性能，也更在意汽车的色彩。汽车颜色的重要性越来越突出，尤其是追求时尚和个性的购车者对汽车的颜色更是百般挑剔。因此，一些已经认识到色彩重要性的汽车企业，将色彩作为拓展市场空间的卖点。色彩的应用范围从产品的外观设计与包装，到产品展示场所的色彩运用等，都大大拓宽，以迎合消费者追求时尚的心理。

① 黑色：象征尊贵、稳重。以往的劳斯莱斯不同的色彩意味着不同的等级，而黑色是级别最高的颜色。如果无法通过身份审核，再富有的人也没办法买到黑色幻影（见图 4-8）。黑色一直是公务车和商务车的首选颜色，比较适合 30 岁以上的男性，更能显示其大气、沉稳、严肃、内敛。

图 4-8　劳斯莱斯黑色幻影

② 银灰色：银灰色是全球最受欢迎的汽车颜色之一，它具有雅致、柔和的特点与金属感、科幻感，属于中间性格，喜欢银灰色的人群年龄跨度较大，男女皆能接受，是汽车永远的流行色。银灰色汽车也被誉为所有颜色的汽车中最安全的汽车。

③ 白色：给人以明快、活泼、大方的感觉。白色也是中间色，给人以清爽朴实的感觉，容易与外界环境协调。另外，白色是膨胀色，容易使小车显大，白色运用在设计中更容易体现出圆润、饱满的优雅效果。对于现在流行的车身有棱有角的凸凹设计，白色由于其阴影明显，很容易体现出车身的起伏转折和形体结构特点。

④ 红色：红色是热烈、进取、强有力的色彩，它的活力可以使人兴奋而心跳加快，极富速度和激情，非常适合跑车或运动型车（见图 4-9）。红色是膨胀色，同样可以使小车显大。红色可以使汽车更“潮”，更有朝气和活力，表现自我，也是女性消费的主流色。

图 4-9　热情奔放的红色运动跑车

⑤ 蓝色：蓝色是博大的色彩，天空、大海等辽阔的景色都呈蔚蓝色，也是永恒的象征。纯净的蓝色有一种淡定自若，无忧无虑，理智与安祥。

⑥ 黄色：明黄色给人以阳光、欢快、年轻的感觉，金黄色给人以温暖、舒适的感

觉。黄色是膨胀色，在人群视野中很显眼，许多跑车选用黄色。小型车用黄色也非常适合，开着一辆黄色的车游走于城市中，人们脑海中浮想的画面就可以切换成身着轻盈纱裙的妙龄少女漫步在沙滩的优雅和浪漫。

习题 4

1. 汽车外形产生过哪几种典型形式？
2. 什么是概念车？如何对其进行分类？
3. 简述现代汽车造型的发展特征。
4. 简述近代汽车颜色的演变。
5. 简述汽车色彩与安全的关系。

第5章

认识汽车

——竞技的魅力

△ 汽车竞技魅力与赛事组织

△ 国际知名汽车赛事

△ 中国的汽车赛事

△ 国内大学生汽车竞赛

5.1　汽车竞技魅力与赛事组织

汽车竞赛运动是指以车辆为器材，在封闭场地、道路或野外行驶，进行的汽车速度、技术性能和驾驶技能的比赛与训练，以及带有竞技性质的汽车旅游、探险、娱乐和表演活动。汽车竞赛展现的不仅是汽车性能（速度、耐力、油耗等）和驾驶技能，还有赛车队团队协作能力和体育竞技的精神素养，极具挑战性和观赏性，是人类挑战自我、挑战极限的超越精神和汽车科技创新精神的集中体现。

5.1.1　世界汽车运动的起源及分类

汽车运动与汽车制造几乎具有同样长的历史。19 世纪 80 年代，欧洲大陆出现了最早的汽车，汽车运动也随着汽车工业的发展而兴起。从第一辆汽车被生产出来到第一次汽车比赛的举行只不过 10 年的时间。1894 年，在法国举行了首次汽车比赛（见图 5-1），共有 102 辆汽车参加比赛。比赛目的是为了检验汽车的性能，宣传汽车的安全性和可靠性，因此汽车生产厂家积极参与，以此推销其产品。参赛的有内燃机汽车、蒸汽汽车、电动汽车和乙醇汽车。比赛结果，只有 9 辆汽车到达终点，蒸汽汽车获得第一名，速度为 24 km/h。

图 5-1　在法国举行的首次汽车比赛（1894 年）

世界汽车运动起源大事记见表 5-1。

表 5-1 世界汽车运动起源大事记

序号	时间	主要事件
1	1894 年 6 月 11 日	国际汽车联合会认可的汽车比赛诞生日，世界上第一场汽车比赛在法国小镇勒芒（LeMans）举行
2	1900 年	在法国默伦举行了世界首场场地汽车比赛
3	1904 年 6 月 20 日	法国、英国、德国、比利时等几个欧洲国家成立国际汽车联合会（FIA）
4	1905 年	世界上第一次场地汽车大奖赛在法国勒芒举行
5	1906 年	在法国勒芒举办的“法国汽车俱乐部大奖赛”是真正意义的大奖赛，勒芒小镇在汽车运动领域具有特殊的意义，现在勒芒系列赛及勒芒 24 小时耐力赛已成为世界最顶级的赛事之一
6	1907 年	北京—巴黎汽车拉力赛举办（见图 5-2）；英国布鲁克兰建成第一条专为汽车比赛修建的赛道
7	1909 年	美国修建椭圆形的赛道
8	1911 年	保罗系统赛成为美国印第车赛的开端；摩洛哥首次举行长途汽车拉力赛
9	1950 年 5 月 13 日	首届世界一级方程式汽车大赛在英国的银石赛道上举行，是现代方程式汽车运动的里程碑

图 5-2 北京—巴黎汽车赛是最早的拉力赛（1907 年）

自举办第一次汽车比赛以来，美国和欧洲一些国家每隔几年就要举办一次汽车比赛。1904 年 6 月 20 日，法国、英国、德国、比利时等欧洲一些国家发起成立国际汽车联合会（FIA），总部设在法国巴黎。FIA 以推动汽车工业发展为宗旨，并负责全球汽车俱乐部和各种汽车协会的活动，下设世界汽车旅游理事会、世界汽车运动理事会，负责统筹安排世界各国的汽车运动，为所有不同种类的赛车运动制定规则，协调安排世界范围内各项汽车比赛。

如今，各式各样的汽车比赛被统称为现代汽车运动，它是世界范围内一项影响较大的竞赛运动。汽车比赛种类主要有方程式汽车比赛（Formula）、耐力赛（Grand Touring）、拉力赛（Rally）、越野赛（Rallycross）、直线加速赛（ Drag Racing ）。丰富多彩的汽车运动使这一冷冰冰的钢铁机器充满了柔情蜜意，同时，汽车运动的激烈、惊险、浪漫、刺激，不仅仅使成千上万的观众为之痴迷，而且还促进了世界汽车技术的发展日新月异。

5.1.2　国际汽车联合会（FIA）

国际汽车联合会（Federation Internationale de L'Automobile，FIA），简称国际汽联，于 1904 年 6 月 20 日成立，由法国、英国、德国、比利时等几个欧洲国家发起，现在总部设在瑞士，是 F1 世界锦标赛的竞赛组织机构。

FIA 是一个非营利性组织，代表五大洲的 117 个国家的 150 个国家级汽车驾驶组织，其标志见图 5-3。FIA 由两大部分组成：旅行和汽车部，运动部。

图 5-3　国际汽联的标志

旅行和汽车部：负责协调道路交通安全、环境保护、消费者权益保护，组织相关活动及旅行事务等。

运动部：负责管理世界所有形式的汽车运动，包括每年吸引 50 多亿人次电视观众的 F1 大赛，还有 F3000 大赛、旅行车 GT 赛、世界汽车拉力锦标赛、卡丁车赛等。FIA 根据各国的申请，每年在世界上约 80 个国家安排近 800 场各类汽车比赛。

FIA 的官方语言为法语和英语。FIA 是国际奥林匹克委员会成员组织。

5.1.3　中国汽车运动联合会（FASC）

中国汽车运动联合会（Federation of Automobile Sports of the Peoples Republic of China，FASC），简称中国汽联，是全国性体育社团，中华全国体育总会团体会员。其前身为中国摩托运动协会，1975 年成立于北京。1983 年加入国际汽车联合会，1985 年曾与香港汽车会共同成功举办了令人瞩目的香港—北京汽车拉力赛。1993 年 5 月，汽车运动项目从中国摩托运动协会分离，中国汽联单独组建并于 1994 年正式成立。伴随 FASC 从无到有，从单纯的赛事服务到 1997 年开始举办国内正规比赛，中国的汽车运动取得显著的发展。

中国汽联是监督国际汽联规章在中国实施的唯一合法组织，统一组织、指导和协调中国汽车运动的开展，组织国内外重大比赛和开展国际交流。经过不断的努力，国内组织得比较好的赛事已正式成为全国锦标赛联赛，如每年 4 站的全国拉力锦标赛，每年 5 站左右的全国卡丁车锦标赛。在此基础上，还陆续开展了不同类型的汽车越野赛、场地赛、集结赛等赛事。近几年来，成功举办了国际汽联亚洲区拉力锦标赛、亚太区拉力锦标赛、世界拉力锦标赛等高水平的国际大赛。目前，在中国汽联正式注册的有 30 多家汽车运动赛车俱乐部，每年近 300 名车手在中国汽联注册，领取赛手执照。无论是拉力赛还是卡丁车赛，都已经涌现出一些接近国际水平的车手。

从 1985 年首届香港—北京汽车拉力赛开始，汽车运动走上了新中国运动体育的大舞台。今天，中国已经成为全球最为重要的汽车运动市场之一，形成了以国家级锦标赛为核心，以众多地方性赛事为支撑的赛事体系。中国汽车运动大事记见表 5-2。

表 5-2　中国汽车运动大事记

序号	时间	主要事件
1	1975 年	中国摩托运动协会成立
2	1983 年	中国摩托运动协会加入国际汽车运动联合会
3	1993 年	中国汽车运动联合会独立设立，并于 1994 年正式成立
4	1985 年	我国首次举办 555 香港—北京拉力赛
5	1992 年	首届巴黎—莫斯科—北京马拉松国际汽车越野拉力赛举行，1995 年举办第二届；北京举办首届汽车场地赛
6	1993 年	珠海国际赛车场有限公司成立，举办首届国际街道汽车赛
7	2004 年 6 月 6 日	斥资 26 亿人民币的上海国际赛车场落成

5.1.4　汽车运动的魅力

汽车竞赛已发展成为一种影响颇大的职业运动，赛车场上五彩缤纷的赛车开足马力疾驰而过的轰鸣，每每都刺激着二三十万的现场观众和数以亿计的电视观众，场面非常壮观。汽车运动的真正魅力可以表现为以下几个方面。

1. 汽车技术创新的试验场

赛车场是汽车技术创新的试验场。20 世纪 50 年代，日本汽车厂家为快速提升汽车技术水平，首先选中的“基地”就是赛车场。20 世纪 60 年代，日本赛车驶向国际赛场，经历了无数征战，不仅在赛车场屡获殊荣，而且为日本汽车技术的崛起和超越奠定了坚实的基础。汽车诞生百年来，汽车赛成为汽车新技术、新材料性能试验的重要手段，许多技术创新都是在赛车上首先实现应用的。

汽车赛实质上是一种强化的道路试验。在赛车场上，无论是发动机、轮胎、底盘操控等零部件，还是系统调校状态，都要处于最大应力最高输出指标状态下工作，这种强化比赛将正常使用条件下几年之后出现的问题在短短的几个小时之内暴露出来，节省了大量的性能试验时间。从这个意义上讲，赛车活动是一场技术水准的大较量，是汽车技术发展的动力机。

2. 动态车展

赛车汇集了最先进的技术，每一部赛车都代表着一家汽车公司甚至一个国家在汽车方面的最新技术水平和发展方向，因此，汽车赛也可喻为汽车企业展现自己技术水平和形象面貌的动态车展。也正因为如此，有实力的企业都直接或间接地开展了赛车的研制，在汽车大赛中推出的新型赛车，从设计到制造都凝聚着众多研制者的心血。福特汽车公司形象地把一级方程式汽车大赛称作高科技奥运会。在德国约有两千多名专门人才直接从事赛车的设计和制造工作，在美国同样也有一万名左右的专家，正是这些专家，使赛车成为代表高新技术的精品。最具代表性的一级方程式赛车，主要出自法拉利、福特、莲花、本田等汽车公司。一级方程式汽车比赛每年举行 16 场，遍布全世界的比赛场也就自然成为企业的展场。

3. 最佳广告

汽车赛是生动的广告大汇演。设计合理、组织规范、媒体关注的汽车赛，尤其是国际性高水平大赛能够吸引成千上万的观众。赛车和车队是汽车制造商和赛事赞助商的最佳广告宣传载体，为企业带来巨大的传播影响力。正因为如此，许多车队才高薪争聘最优秀的车手，大赞助商更乐于慷慨解囊。

4. 促进汽车运动大众化

汽车赛促进了汽车运动大众化。除职业比赛外，世界各地的汽车爱好者们还自行组织一些小型的汽车比赛，这对汽车产业和汽车运动的发展有着另外一层意义。众多汽车俱乐部联系着千千万万汽车运动爱好者，通过观摩参与、运动交流，让汽车文化更具魅力，其广泛影响是汽车大赛所无法比拟的。

5. 人车合一的双重挑战

汽车赛是集人与车为一体的综合较量，是赛车手的技艺、意志和胆量的竞争，是赛车设计与制造水平的比拼，是人车团队默契配合的角逐。这种独具特色的双重性运动，更能体现人类精英与高新科技最完美的结合，更体现人类自我超越的挑战能力。每次大奖赛都壮观而激烈，充满着冒险的情趣，激发人们的热情。

有高科技做支撑，有雄厚经济资助做后盾，再加上热心汽车运动的人们参与，汽车赛是车战，商战，还是科技战？谁也无法说清。它那丰富而又复杂的内涵超过了世界上许多体育运动，这就是汽车运动能够经久不衰的关键所在。

5.2　国际知名汽车赛事

赛车运动分为两大类：场地赛车运动和非场地赛车运动。最早的汽车比赛是在城市间的公路上进行的，后来因出现车手由于公路比赛的极大危险性而丧生的情况，才出现了专业比赛场地。

场地赛，顾名思义就是指赛车在规定的封闭场地中进行比赛。它又可分为漂移赛、方程式赛、轿车赛、运动汽车赛、GT 耐力赛、短道拉力赛、场地越野赛、直线竞速赛等。

非场地赛的比赛场地不是封闭的，主要分拉力赛、越野赛、登山赛、沙滩赛、泥地赛等。

5.2.1 方程式汽车赛

方程式赛车必须依照国际汽车联合会（FIA）制定颁发的车辆技术规则规定的程式制造，包括车体结构、长度和宽度、最低重量、发动机工作容积、气缸数量、油箱容量、电子设备、轮胎的距离和大小等。各级方程式赛车的制造程式不同。属于方程式汽车比赛的项目有：F1、F－3000、F－3、亚洲方程式、无限方程式、福特方程式、雷诺方程式、卡丁车方程式等。

1. 一级方程式 F1 汽车赛

F1 汽车赛的全名为 FIA Formula One World Championship（一级方程式赛车世界锦标赛，见图 5-4）。其影响范围广，知名度高，与世界杯足球赛、奥运会并称为“世界三大运动”。

感受 F1

图 5-4　一级方程式赛车世界锦标赛

F1 汽车赛是世界上最昂贵、速度最快、科技含量最高的运动，也是商业价值最高、最吸引人的体育赛事之一。FIA 每年会举办一系列的 F1 比赛，比赛场地是全封闭的专门赛道，或者是临时封闭的普通公路赛道。每年约有 10 支车队参赛，经过 1618 站的比赛（2005 年 F1 赛有 19 站），来竞争年度总冠军的宝座。

F 是 Formula 的缩写，即方程式，而在 F1 赛事中，其本意为“规格”，即统一规格的赛车。1 的解释有很多，可以理解为顶尖车手、顶级赛事、奖金最高等。事实上，在方程式汽车赛中，级别最高的称为 F1 比赛。

小贴士

◆F1 比赛的赛事进程

F1 竞赛流程包括三个阶段：

（1）自由练习赛

自由练习赛一共分为三节。正常情况下，前两节安排在周五，第三节自由练习赛安排在周六的排位赛开始前。第三节自由练习赛结束和排位赛开始之间的间隔不能低于两小时。练习赛中使用的轮胎也不会放到正赛和排位赛中使用，所以各车队不会在使用轮胎数量上有压力。

（2）排位赛

现在的 F1 排位赛分成 Q1、Q2 和 Q3 三个阶段，每个阶段之间会间隔 5 分钟。Q1（18 分钟）停表淘汰 15 名以后的车手，Q2（15 分钟）淘汰 10 名以后的选手，Q3（12 分钟）决出前 10 位车手的排位，最终排位也决定了周日正赛的发车位置。

（3）正赛

正赛依据排位赛的成绩依次排序发车。在完成固定圈数的比赛后，根据到达终点的成绩排定名次。

每一站的比赛排名前 10 的选手会获得相应的积分，车队积分则是同队车手积分的累加，在分站比赛全部结束时，根据总成绩排名决出当年 F1 锦标赛的车手总冠军及车队总冠军。

因为不同的赛道长度不同，F1 只规定完赛总长度为 305320 km，所以每条赛道需要完成的圈数也不同，唯一的例外是摩纳哥站的比赛，因为摩纳哥是街头赛道，赛道长度最短，只需要完成 260 km 的比赛即可。

自 F1 举办以来，诞生了很多著名的车队及车手，他们拥有辉煌的战绩，也为 F1 赛事的发展做出了不可磨灭的贡献。世界著名的 F1 车队及车手情况见表 5-3。

表 5-3　世界著名 F1 车队及车手情况一览表

序号	车队名称	概　况	著名车手
1	法拉利车队	创办人：恩佐·法拉利。 法拉利车队标志总部：意大利马拉内罗。 首次参赛：1950 年 5 月 21 日，摩纳哥蒙特卡洛。	约翰·苏蒂斯、迈克尔·舒马赫、尼基·劳达
2	雷诺车队	法国雷诺汽车公司因向参赛车队提供发动机而成为 F1 的常客，第一辆雷诺公司制造的 F1 赛车于 1977 年登上了 F1 赛道。但雷诺车队是 2001 年度赛季之后由雷诺汽车公司收购贝纳通车队并改名而来，2002 年赛季正式打出雷诺车队的旗帜。	费尔南多·阿隆索
3	威廉姆斯车队	威廉姆斯车队于 1973 年成立，车队成立初期一共只有 17 个人员，其中包括车手人数。威廉姆斯车队从设计第一辆 FW06 赛车开始，一直发展到现在，已经成为 F1 大奖赛上一支不可忽视的劲旅。威廉姆斯车队总部设在英国。	埃尔顿·塞纳

续表

序号	车队名称	概　况	著名车手
4	迈凯轮车队	迈凯轮车队是F1车坛的老牌强队，从1966年开始参加F1大奖赛，一共获得过8次车队总冠军和11次车手冠军。赛纳是曾经在迈凯轮车队效力的最著名的车手，他为迈凯轮车队夺得了3个世界冠军。迈凯轮耗资31亿欧元打造了全新技术中心。总部设在英国沃金（Woking）。	刘易斯·汉密尔顿、米卡·哈基宁
5	红牛车队	2004年9月，福特公司为自己的F1时代划上了句号，宣布将停止所有有关F1赛事的活动。奥地利能量饮料制造商红牛公司购买了美洲虎车队及车队设在Milton Keynes的工厂，正式更名为红牛车队。	大卫－库塔、克里斯蒂安－克莱恩
6	莲花车队	莲花车队是一支成绩赫然的古老F1车队。他们1958年就已经加入到F1赛事，给F1带来了更多的创新。1963—1978年，莲花车队连续7次夺得F1车队年度总冠军。	斯特林·莫斯
7	美洲虎车队	英国美洲虎车队一直是勒芒赛事的常胜者，其于1999年买下由3次F1世界冠军获得者斯图尔特组建的Stewart-Ford车队，并以美洲虎车队命名，正式加入2000年F1大奖赛。	马克·韦伯、切斯廷·克莱恩
8	布朗GP车队	布朗GP车队前身是本田车队。由于受到金融风暴的影响，2008年12月本田公司不再向本田车队注资，本田车队退出F1。2009年新赛季即将开始前的3月5日车队经理罗斯·布朗挺身而出以8 000万欧元成功接盘车队，组建了布朗GP车队。2009年F1巴西站结束时，布朗GP车队提前一站夺得车手及车队世界冠军，成为历史上唯一一支在加入F1首个赛季就包揽双料冠军的车队。	简森·巴顿、鲁本·巴里切罗

注：许多车手在职业生涯中有着在不同车队效力的职业经历。

2. 三级方程式F3汽车赛

三级方程式F3赛事等级仅次于一级方程式赛车和GP2及GP3，是年轻车手升入F1的必经阶段，几乎全部的一级方程式车手都从这里走出，参赛车手年龄在19～23岁之间。F3比赛使用的赛车与F1赛车相类似，但体积较小，最低质量为455 kg，配备4气缸、工作总容积为2 L的自然吸气式汽油发动机，输出功率约125 kW。

亚洲和欧洲多地都设有F3锦标赛。国际汽联三级方程式洲际杯比赛是澳门格兰披治大赛的重头戏（见图5-5），在F3赛季尾段，不同赛站的冠军都会云集澳门著名的东望洋赛道，参加最终的比赛。

图5-5　三级方程式F3汽车赛

3. 方程式3000（F3000/Formula 3000）

方程式3000（F3000/Formula 3000）是3.0 L方程式汽车赛，是方程式汽车场地比赛项目之一，设有国际大奖赛等比赛。使用的赛车是四轮外露的单座位纯跑道用方程式赛车，装备8气缸、工作总容积为3 L的自然吸气式汽油发动机，输出功率约为354.3 kW。

4. 雷诺方程式（Formula Renault）

雷诺方程式汽车赛是世界上最普及的一种方程式车赛（见图5-6），该项赛事是由法国雷诺集团推广发展起来的，方程式赛车由意大利TATUUS公司制造。该类单座赛车功率为149.2 kW，最高车速可达到260 km/h。雷诺方程式赛车每年制造超过700辆，良好性能和经济性的完美结合保证了其在全世界的普及，这给全世界热衷赛车运动的年轻人提供了一个学习及提高的可能，为他们走向F1打下铺垫。雷诺方程式赛事从2000年起举办至今，已经成功地把雷克南（迈凯伦车队）、马萨（索伯车队）及克莱恩（美洲虎车队）推向F1的大舞台。

图5-6 雷诺方程式大赛

5. 亚洲方程式（Formula ASIA）

亚洲方程式汽车赛是经国际汽车联合会批准、由中国汽车运动联合会主办的中国唯一高级别的方程式赛事。亚洲方程式也被称为纯粹的本土方程式赛事，填补了中国国内方程式赛事的空白，在中国汽车运动史上具有划时代意义。亚洲方程式赛车由浙江吉利控股集团与英国VANDIMEN赛车制造公司共同联合研发，赛事全部采用具有“中国芯”（发动机和变速箱具有自主知识产权）的本土方程式赛车，计划每年在亚洲举办46站。

5.2.2 拉力赛

拉力赛源于英文Rally的中文译音，又称“多日赛”，是汽车道路比赛项目之一。参赛车辆须按规定的平均速度、行驶路线，在规定的时间内到达比赛分站点并完成车辆的检修。

拉力赛主要分为两种形式：一种是由起点出发，到达另一个目的地结束，历时数天的直线型、长距离马拉松式拉力赛，如巴黎—达喀尔拉力赛，这类比赛每年只举办一次，每次持续天数不等；另一种为每天行驶的方向不同但均返回同一地点、历时两到三天的锦标系列赛事，如世界拉力锦标赛WRC，这类比赛每年在不同国家和地区举办数场或十数场。

拉力赛一般在规定的日期内划分若干阶段进行，每阶段内设置由数个行驶路段连接的测试速度的特殊赛段，走一段赛一段，交替进行，每个特殊赛段的长度不超过 30 km。参赛以车组为单位，每个车组由 1 名驾驶员和 1 名副驾驶员（领航员）组成，耗用时间最少者为冠军。区别于场地赛在封闭的专用赛道上进行比赛，汽车拉力赛的比赛道路为各种临时封闭后的普通道路，包括山区和丘陵公路、沙石路、泥泞路、冰雪路等，也包括无法封闭的沙漠、戈壁、草原等地段。复杂的地形和漫长的赛程不仅考验车手的车技和经验，还要考验车手与领航员之间的默契程度、车辆的性能和维修保障的能力。因此，无论对于车手还是车队，拉力赛都是一项无比复杂的综合性考验。

1. 世界拉力锦标赛

世界拉力锦标赛（World Rally Championship，简称 WRC）。始于 1973 年，国际汽联 FIA 将此前在各国单独举办的汽车拉力赛整合并冠以世界锦标赛 WRC 的名称。WRC 与 F1 大赛同属国际汽联 FIA 管辖的当今世界上顶级汽车赛事，每年都有超过 10 亿人次的观众通过电视转播或其他媒体观赏这项赛事。

世界拉力锦标赛赛程规划每年有 16 站比赛，分别在欧洲、南美洲、大洋洲、亚洲的 16 个国家举行，比赛时间从每年的 1 月到 11 月。整个赛季分为上、下两部分，各支车队在上半赛季结束后会有一个月左右的时间来进行休整。WRC 是所有赛车项目中最接近真实自然环境，也最为严酷的一项比赛（见图 5-7），因为所有的参赛车辆都以量产车型为基础进行限制性改装而成，并选择在全球各地最具代表性的险恶路段进行比赛。

扫扫看

图 5-7　2017 年世界拉力锦标赛

2. 达喀尔拉力赛

达喀尔拉力赛（Le Dakar Rally）是在非洲著名的撒哈拉大沙漠安排线路的独特赛事，作为最严酷、最具挑战性和最富有冒险精神的拉力赛，对人的意志、心理、体能和驾驭赛车技能是全方位的考验，被誉为世界上最艰险的汽车拉力赛。

小贴士

◆A challenge for those who go. A dream for those who stay behind.

对于参加的人来说，这是一项挑战；对于没有参加的人来说，这是一个梦想。

——达喀尔拉力赛创始人泽利·萨宾（Thierry Sabine）

与世界拉力锦标赛WRC不同，达喀尔拉力赛始终坚持向所有人开放，无论专业选手还是业余车手都可自由参赛，共同竞技。正如泽利·萨宾所说："巴黎—达喀尔拉力赛是一个对于专业选手充满吸引力的专为业余爱好者设计的拉力赛。"在达喀尔拉力赛的历史上，业余车手的参赛比例高，但排名前十的永远属于职业车队。因此，赛车手参加达喀尔拉力赛并不追求是否首次参赛，而更看重是否完成比赛。为了实现挑战自我的梦想，每年数以百计的冒险者在新年来临之际踏上无垠的非洲沙漠，经受大自然的残酷考验。

达喀尔拉力赛的车辆主要有三个分级：摩托车、汽车（范围从沙地越野车到小卡车）和大卡车。参赛车都经过了严格的改装，许多汽车制造商都把拉力赛严酷的比赛环境当作试验场地，以此证明其车辆的耐用性。

在达喀尔拉力赛的历程中，三菱、日产、奔驰、丰田、罗孚等都是汽车组的常客，而卡车组里太脱拉（Tatra）、卡玛兹（Kamaz）、日野（Hino）、曼（MAN）、达夫（DAF）和奔驰尤尼莫克（UNIMOG）总是在争先恐后激烈角逐（见图5-8）。

图5-8 达喀尔卡车拉力赛上的奔驰UNIMOG

3. A1世界杯大奖赛（A1 Grand Prix）

A1世界杯汽车大奖赛是由阿拉伯联合酋长国的王室成员谢赫·马克图姆发起，并与南非矿业巨商Brian Menell和Tony Teixeira共同举办的国际性汽车赛事，该大奖赛在2005年才获得国际汽联正式批准，作为高水平场地汽车赛之一，每年9月到次年3月为一个赛季。A1与F1最大的不同是每个参赛队都将代表国家参赛，且各参赛国只允许组建一个国家队，车手必须拥有该国国籍。赛车也由大赛提供统一的规格，每队只允许一辆参赛。A1汽车大奖赛其实是国家与国家、车手与车手之间纯技术的较量，因此也被称作"A1世界杯汽车大奖赛"。

5.2.3 汽车耐力赛

汽车耐力赛是一种在规定赛道上进行长时间连续行驶的耐久性比赛。比赛车辆分旅行车和运动原型车两类，并根据发动机排量分为若干级别。比赛中每车可设2～3名驾驶员，轮流驾驶。

法国勒芒24小时耐力赛（见图5-9）起源于1923年，此后每年6月举行一次，是世界耐力锦标赛（World Endurance Championship，WEC）最核心的赛事之一，其影响力堪比F1大赛，从技术角度来看，甚至比F1更加刺激，赛车速度可达390 km/h。比赛中，每辆赛车采用换人不换车的方法由3名车手轮流驾驶，每人连续驾驶时间不超过4 h，主车手总驾驶时间不超过14 h，24 h内行驶里程最多的为冠军，比赛过程中所有的加油、换胎和维修时间都包括在24 h内。一般一昼夜下来，成绩最好的赛车行驶的里程将近5 000 km，2004年奥迪汽车创造了5 173 km的赛事纪录。不同于别的赛车运动，勒芒的耐力赛车需要兼具速度和稳定性，同时它还必须很省油，以尽量减少进站加油时间，对于车辆的设计和制造水平是一个巨大的考验。

扫扫看

图5-9　法国勒芒24小时耐力赛

勒芒耐力赛是全球各种耐力赛时间最长的比赛，而且选手驾车在同一环行赛道上要不停地转350多圈，比赛显得单调乏味，不论车手、车队还是观众，在下半夜的时候都会疲惫不堪，因此它被称为最辛苦、最乏味的赛事。大多数观众都是带着宿营车或帐篷前来观战的，赛场旁的30个大型停车场停满了近10万辆汽车，周围还有设施齐备的餐饮、娱乐和休闲场所，以及销售各大车队服饰和宣传品的铺位，让车迷们在这里如同过节一样，一边吃着可口的食物，一边欣赏时速达到300多公里的赛车飞驰而过的刺激画面，这也是赛车场独一无二的景象。

5.2.4 越野赛

越野赛（Cross-Rally）是指驾驶车辆在野外进行竞速比赛，场地多为丘陵、山地、沙漠等自然环境，车辆分为汽车类、摩托车类、自行车类等。

汽车越野赛是在一个国家的公路和自然道路上举行的比赛，经过几个国家的领土、总长度超过10 000 km或跨洲的比赛被称为汽车马拉松越野赛。除国际汽联特别批准外，越野赛的赛程不得超过15天，比赛必须在白天进行，采用单车发车方式，比赛每经过 10 个阶段后至少休息 18 h。每阶段的行驶距离不定，但越野赛每个赛段的最大长度不超过 350 km，马拉松越野赛不超过 800 km，必须使用在国际汽联注册的全轮驱动汽车参赛。国际知名的越野比赛有巴黎—达喀尔越野赛、突尼斯国际汽车赛、巴黎—莫斯科—北京马拉松汽车越野赛、阿拉伯联合酋长国沙漠挑战赛等。

5.2.5 其他知名汽车赛事

1. FIA GT 世界锦标赛

FIA GT 世界锦标赛是国际汽联所管辖最顶级的赛事之一（见图 5-10），更是全球超级跑车制造厂商们的大聚会，一直受到世界广大赛车爱好者的关注。法拉利、克尔维特、玛莎拉蒂、兰博基尼、保时捷等来自跑车界名门贵族的超级跑车制造厂精心打造的“超级兵器”，都是 FIA GT 世界锦标赛的座上嘉宾。再加上几十位来自世界各国的驾驶技术一流的超级赛车手，在 11 个国家富有挑战性的国际赛道上，以最快速度全力完成比赛，这使得 GT 赛车速度与动力的美感充满吸引力，许多超级跑车制造厂都在 GT 比赛中建立起它们的声誉，并让旗下的产品成为世界各国车迷们梦寐以求的超级座驾。

图 5-10 2011 年 FIA GT1 世界超级跑车锦标赛鄂尔多斯站

在 FIA GT 的赛例中规定，GT 赛车必须由可在一般道路上行驶的跑车专业改装，并以发动机输出功率的大小分为两个组别。每场比赛的赛程以 500 km 或 3 h 为限，比赛车辆采用动态起跑方式，每辆赛车至少由两名、最多三名车手联手参赛，每位车手最多只能持续驾驶赛程总里程的 55%。赛事途中参赛车手与赛车必须多次进入维修站，与车队技术人员一起完成加油、换胎、换车手的工作，也只有默契的团队合作才有机会击败强劲的竞争对手。

老爷车赛

为使比赛更加精彩，保证比赛的公平性和刺激性，按照比赛规定，每一轮比赛获胜的赛车都将在下一轮比赛中负载相应的附加车载重量，并以累积 100 kg 为上限；成绩在第六名之外方可减重，每次减重以 25 kg 为限。这一规定对于排名暂时落后的赛车非常有利。

2. 德国房车大师赛

德国房车大师赛（Deutsche Tourenwagen Masters，DTM）原名德国量产房车赛（German Production Championship，DPM），首届 DPM 比赛于 1984 年 3 月 11 日在比利时佐尔德（Zolder）赛车场举行，共有奥迪、梅塞德斯—奔驰等 7 个厂商的 8 个车队 19 名车手参赛，第二年增加至12家厂商参加。在经过两个成功的赛季后，1986年德国最高赛车协会将DPM改名为GTCC（German Touring Car Championship），但德国的赛车迷还是习惯称其为DTM，这样DTM的名字就逐渐取代GTCC而闻名于世。DTM每年一共设有10个分站比赛，其中6站在德国境内举行（见图5-11），另设有荷兰、英国、西班牙、法国4个分站。获得最高分数的车手，便成为全年总冠军。

图5-11　德国房车大师赛

3. 美澳地区汽车赛事

澳洲V8国际超级房车赛创建于1961年，由两大知名制造商通用（霍顿）和福特（法肯）发起举办。参赛车辆来自通用和福特两大汽车巨头，在澳大利亚生产制造，因采用8 L排量的V8发动机而得名。

纳斯卡（NASCAR）汽车赛是美国全国运动汽车竞赛协会（National Association for Stock Car Auto Racing）组织的，是美国规模最大、最受观众欢迎的汽车系列赛事。NASCAR的三大系列赛分别是斯普林特杯系列赛（Sprint Cup Series）、全国系列赛（Nationwide Series）和露营世界卡车系列赛（Camping World Trucks Series）。在NASCAR的比赛中，车手一般只负责开车，而赛车另外属于它的拥有者，也就是车主。用通俗的话来说就是：车手拥有驾驶权，车主拥有“产权”。

NASCAR露营世界卡车系列赛是NASCAR诸多赛事中唯一使用量产皮卡作为赛车的汽车赛事，独具美国特色。

小贴士

◆并不“光彩”的NASCAR前身

提起NASCAR赛事的来历，既有来自普通民众的智慧，又有一些不那么“光彩”的意味。

私酒贩子总是在与联邦执法人员玩着猫捉老鼠的游戏，而且愈演愈烈。私酒贩子们想方设法地提高汽车功率、改造汽车结构，以使车子更快、更好控制，以便他们更容易地逃脱执法部门的追击。他们自发的第一次“赛车”比赛，是为了看谁的车跑得最快，谁的车技最好，这就是NASCAR赛车的前身。

4. 太阳能汽车挑战赛

澳大利亚太阳能汽车挑战赛（见图 5-12）是目前世界上规模最大、距离最长的太阳能汽车大赛。该项挑战赛自 1987 年开始举办，其赛程已达到 3 000 多公里。这项大赛的灵感来自丹麦冒险家、环保倡导者汉斯斯·索斯特洛普，他在 1982 年设计并建造了世界上第一台太阳能汽车，并命名为“安静的到达者”。太阳能汽车挑战赛不仅吸引了世界各地的太阳能汽车爱好者，而且竞赛中的车辆设计往往会对汽车技术的发展产生推动作用，例如，通用汽车 E1 和雪佛兰 Volt 的技术就可以溯源到 1987 年赢得世界太阳能汽车挑战赛的冠军车。

图 5-12　澳大利亚太阳能汽车挑战赛

5.3　中国的汽车赛事

5.3.1　中国方程式大奖赛（CFGP）

中国方程式大奖赛 CFGP（见图 5-13）是经国际汽车运动联合会（FIA）和中国国家体育总局批准，由中国汽车运动联合会（FASC）主办，在亚洲区域举办的洲际赛事，是中国最高级别方程式赛事，也是培养中国本土 F1 选手的摇篮。

中国方程式大奖赛车架由英国 VAN DIEMEN 赛车制造公司生产，动力为吉利 1.8 L 自然吸气发动机（JL4G18－VVTi），车重（含车手）545 kg，其悬挂系统、制动系统、转向系统等各项技术都达到了国际同等级别赛车标准，最高车速可达 240 km/h。大奖赛设立车手杯、车队杯和挑战杯，每年举办 45 站赛事，每站设立 2 节自由练习（每节不超过 30 min）、1 节排位赛（不超过 20 min）和 3 回合决赛（每回合决赛不超过50 km或 30 min）。

扫扫看

图 5-13　2011 年中国方程式大奖赛

5.3.2　中国房车锦标赛（CTCC）

中国房车锦标赛是中国赛车运动第一品牌，前身为全国汽车场地锦标赛（CCC），正式创立于2004年，是国际汽联唯一支持中国国家级房车赛事，被纳入国家体育总局年度比赛计划的A类体育赛事。2009年1月，力盛体育文化传播有限公司成为这项赛事新的推广商，并正式将该项赛事改名为中国房车锦标赛，英文名称为 China Touring Car Championship，简称 CTCC。

2011年，中国房车锦标赛引入T概念，全新设置涡轮增压组，赛事组别随即改成中国量产车组（原1.6 L组）和超级量产车组（原2.0 L组），而超级量产车组由自然吸气组和涡轮增压组共同组成，但仍采取分组积分制。

扫扫看

图 5-14　中国房车锦标赛

5.3.3　其他国内重要汽车赛事

扫扫看

1. 中国卡丁车锦标赛（CKC）

中国卡丁车锦标赛（CKC）是中国汽联于1997年创立的全国卡丁车锦标赛，每年一届，分3个组别：国际A级、国家级和国际A级少年组。按照国际惯例，中国卡丁车锦标赛以分站赛积分制进行，每年最后一站比赛结束后排出各级别总成绩的车手名次。

国际卡丁车运动的优秀车手主要在欧洲，尤以意大利和荷兰的水平最高。作为F1赛车的雏形，很多著名的车手都是从卡丁车开始启蒙的。中国开展这一运动时间不长，但进步很快。1995年12月，中国加入国际卡丁车委员会。1996年1月，中国汽车联合会成立竞赛二部，统一管理全国卡丁车运动的有关活动。1999年初，全国少年卡丁车委员会成立。2003年底，国家体育总局下文把卡丁车赛场从原来的娱乐场所管理改为专业体育运动场所管理，国家税务总局从2004年起降低调整卡丁车经营场所的税率，降低车场的经营成本，促进该项运动的发展。

2. 中国汽车拉力锦标赛

中国汽车拉力锦标赛（CRC）是由中国汽车运动联合会及举办地人民政府联合主办的全国性汽车拉力赛事，从1999年开始正式举办，从最初的每年两三站比赛到现在每年45个分站赛，并且有超过20支车队参加，每站约有70辆赛车参赛，其中国外赛手1020人，是国内最高级别、最大规模、最大影响力的汽车拉力赛事。全国汽车拉力锦标赛的每站赛事分两天举行，行程约500 km，其中将近200 km为竞赛速度的“特殊赛段”。车手只有历尽艰辛跋涉才能到达终点，是技能和意志的双重考验。目前CRC主要设N组杯和1.6 L杯两个组别奖。

3. 全国卡车大赛

全国卡车大赛是中国唯一的全国性卡车类汽车运动赛事（见图5-15），由国家体育总局正式批准，中国汽车运动联合会主办，于2003年首次举办。卡车大赛倡导的是平民的汽车运动体验，为更多人体验赛事的“激情、力量”，实现“梦想”，卡车大赛设置了较低的参赛门槛，提高了活动的参与性。全国卡车大赛已与欧洲卡车大赛互访交流多年，并且得到欧洲卡车大赛的一线支持与参与，欧洲冠军车手和组委会官员多次来到中国，签订了与英国卡车大赛组委会的合作协议，举办中欧国际精英对抗赛，推动了中国卡车大赛国际化之路。

图5-15 2009年全国超级卡车大赛

扫扫看

扫扫看

4. 澳门格兰披治大赛（Grand Prix Macau）

澳门格兰披治大赛始于1953年10月，现已是澳门体坛和车坛一年一度的盛事。赛事在东望洋跑道上进行，东望洋跑道有东方的摩纳哥赛道之称，整条赛道是环绕澳门东望洋山的闹市街道，全长6.2 km，沿途多弯，有上坡下坡路，最阔路面14 m，最窄仅7 m。

另外，澳门格兰披治大赛亦是一众赛车新星的摇篮，不少世界知名的赛车手在新人时期，都曾经到澳门比赛。格兰披治大赛的比赛项目除著名的方程式赛车外，还设有房车赛、电自行车赛等，亦曾举办怀旧的老爷车赛等，赛事的娱乐性也十分突出。

5. 华夏赛车大奖赛

华夏赛车大奖赛简称“华夏杯”赛（见图5-16），是中国赛车运动历史上首次在中国内地、台北、香港及澳门共同举办的赛事。车赛提供了一个华人车手之间同场竞技的平台，以赛车交流带动各地体育、文化的交流；以引擎之激情，展现华人积极向上的体育精神。华夏赛车大奖赛是中国汽车运动联合会、香港汽车会、澳门汽车总会、中华台北赛车会的合作典范，秉着“顶级选手、顶级奖赏、顶级场地、顶级运营”的“最高档”原则，旨在打造华人第一赛车品牌。

扫扫看

图5-16 华夏赛车大奖赛精彩瞬间

华夏赛车大奖赛每年为一个赛季，采用巡回赛制，内地、香港、澳门、台湾各有一站主场，分别由四地汽车协会主办。华夏杯四站比赛分别作为由FIA国际汽联认证的中国房车锦标赛（CTCC）、中华台北房车锦标赛（TTCC）、澳门格兰披治大赛（MGP）的一部分，在赛制上采用积分大奖赛，四站积分累积决出年度团队冠军和个人总冠军。

5.4 国内大学生汽车竞赛

5.4.1 全国大学生“恩智浦”杯智能汽车竞赛

“恩智浦”杯智能汽车竞赛起源于韩国，是韩国汉阳大学汽车控制实验室在恩智浦半导体公司资助下举办的以 HCS12 单片机为核心的大学生课外科技竞赛。

全国大学生“恩智浦”杯智能汽车竞赛由教育部高等学校自动化专业教学指导分委员会主办（见图5-17），由竞赛秘书处设计、规范标准硬软件技术平台，竞赛过程包括理论设计、实际制作、整车调试、现场比赛等环节，要求学生组成团队协同工作，初步体会一个工程性的研究开发项目从设计到实现的全过程。该竞赛融科学性、趣味性和观赏性为一体，是以迅猛发展、前景广阔的汽车电子为基础，涵盖自动控制、模式识别、传感技术、电子电路、计算机技术的机械与汽车等多学科专业融合的创意性比赛。组委会提供一个标准的汽车模型、直流电机和可充电式电池，参赛队伍要制作一个能够自主识别路径的智能车，在专门设计的跑道上自动行驶，最快跑完全程而没有冲出跑道并且技术报告评分较高者获胜。

扫扫看

图5-17　全国大学生“恩智浦”杯智能汽车竞赛

该竞赛是以智能汽车为研究对象的创意性科技竞赛，是面向全国大学生的一种具有探索性工程实践活动，是教育部倡导的大学生科技竞赛之一。竞赛以恩智浦半导体公司为协办方，已发展成全国30多个省、直辖市、自治区近2 000支队伍参与的全国性竞赛。2008年起，该竞赛被教育部批准列入国家教学质量与教学改革工程资助项目，一般在每年的10月份公布次年竞赛的题目和组织方式，并开始接受报名，次年的3月份进行相关技术培训，7月份进行分赛区竞赛，8月份进行全国总决赛。

5.4.2　中国大学生方程式汽车大赛

中国大学生方程式汽车大赛（Formula Student China，FSC）是一项由高等院校汽车工程或汽车相关专业在校学生组队参加的汽车设计与制造比赛（见图5-18）。2010年第一届中国FSC由中国汽车工程学会、中国20所大学汽车院系、国内领先的汽车传媒集团——易车（BITAUTO）联合发起举办。各参赛车队按照赛事规则和赛车制造标准，在一年的时间内自行设计和制造出在加速、制动、操控性等方面具有优异表现的小型单人座休闲赛车，能够成功完成全部或部分赛事环节的比赛。比赛过程中，参赛队不仅要阐述设计理念，还要由评审裁判对该车进行若干项性能测试。比赛通过一系列静态和动态的项目来评判汽车设计与制造的优劣，这些项目包括技术检验、成本分析、市场陈述、工程设计、单项性能测试、耐久测试、燃油经济性，通过给这些项目打分来评判汽车的性能。

扫扫看

图 5-18　中国大学生方程式汽车大赛

5.4.3　中国汽车工程学会巴哈大赛

中国汽车工程学会巴哈大赛（Baja SAE China，BSC）是主要面向职业院校和本科院校开展的小型越野汽车设计和制作赛事（见图 5-19）。此项赛事起源于美国，是大学生方程式汽车大赛的前身。BSC 大赛是一种全新的技术教育和工程实践过程，使得参与其中的学生能够以兴趣为导向，在接受挑战中全方位提升自己的能力和素质，尽显“人人皆可成才，人人尽展其才”的现代职教精神。

BSC 大赛要求各参赛车队在规定时间内，使用同一型号发动机，设计制造一辆单座、发动机中置、后驱的小型越野车，参加多种静态与动态项目测试。静态项目包括技术检查、赛车设计、成本与制造、商业营销等，动态项目包括牵引力测试、爬坡测试、直线加速测试、耐力测试等。

扫扫看

图 5-19　中国汽车工程学会巴哈大赛精彩瞬间

5.4.4　中国大学生汽车创意设计大赛

中国大学生汽车创意设计大赛 2007 年诞生在中国汽车工业蓬勃发展的大背景下，旨在激发大学生的创新意识，营造高校创新氛围，推动中国汽车工业的发展（见图 5-20）。大赛由中国创造学会发起，中国汽车工程学会等协会组织共同主办，于 2007 年成功举办了第一届中国大学生汽车创意设计大赛。

图 5-20 2013 年上汽“荣威·MG 杯”中国大学生汽车创意设计大赛作品

5.4.5 中国大学生电动方程式汽车大赛

中国大学生电动方程式汽车大赛（FSEC）是中国大学生方程式汽车大赛（FSC）油电车分离后的车辆设计大赛（见图 5-21），首届大赛在 2015 年 11 月在上海 F1 赛道举办。

FSEC 包含静态赛和动态赛的 8 个项目。按照两项比赛内容的总成绩评出冠亚季军。静态赛包含工程设计答辩、成本与制造评估、营销报告三项内容，动态赛包含直线加速测试、8 字绕环测试、高速避障测试、耐久测试、效率测试五项内容。

扫扫看

图 5-21 2016“蔚来杯”中国大学生电动方程式大赛

FSEC 是工程设计大赛，主要考核大学生的汽车工程设计能力和水平，只有通过静态赛，才可能进入最后的动态赛，所以比赛非常激烈。FSEC 大赛的背景是电动汽车产业成为全球汽车产业发展重点。如今，其参赛规则、参赛队伍、参赛水平、赛事组织、推广传播等都在逐步与国际赛事比肩。FSEC 除了邀请国际强队到国内参赛，同时也派出国内大学生车队出国参加国际大赛，促进了国内大学与国际同行的学习交流。在公益支持、举办方和赞助方的支持下，FSEC 不仅有望跻身国际大学生方程式汽车大赛前列，更将成为电动汽车工程师培育的摇篮，为中国汽车工业及电动汽车产业输送新鲜血液。事实上，许多参加了 FSEC 的车队成员目前都活跃在中国技术和设计创新的前沿。

5.4.6 Honda 中国节能竞技大赛

Honda 节能竞技大赛由日本本田汽车公司（Honda）创始人本田宗一郎先生发起，

于 1981 年在日本创办，每年都有超过 500 支车队参加比赛。2007 年，Honda 节能竞技大赛来到中国，称为 Honda 中国节能竞技大赛，至今已经成功举办了 10 多届。比赛搭载 Honda 统一提供的 125 低油耗 4 冲程发动机，车架和车身等则由各车队独立设计制作，最终以燃油的消耗量比赛一决胜负。为启发人们对新能源的思考，2011 年又在中国首创了电动组别的比赛，参赛车辆使用大赛指定电池并将该电池作为车辆行驶的唯一动力源。现在，Honda 中国节能竞技大赛由燃油车组和电动车组两类赛事构成，每类赛事又分为学生组和企业组，其中企业组是为本田在华关联企业以及普通参赛者设置的组别，学生组是为在校学生设置的组别，车队领队可由教师兼任，车队其他成员必须由在籍学生组成。在 2016 年第 10 届 Honda 中国节能竞技大赛上，以鼓励技术创新为目的的 FUNTEC 奖由四川城市职业学院的 PERFECT. EV 车队获得（见图 5-22），车辆使用弹性合金材料、结构简单紧凑的车架、较小的低矮车身、良好的空气动力学外形、低滚阻的行走系统、舒适安全的躺姿驾驶姿态等，许多个方面与 FUNTEC 大奖的环保、安全、舒适三大主题相契合。“在节能之余，带来非同凡响的快乐体验，以更低的能耗，收获更多的驾驶乐趣。”

扫扫看

图 5-22　荣获 FUNTEC 奖的四川城市职业学院 PERFECT. EV

习题 5

1. 世界汽车运动主要有哪些种类？
2. 汽车运动是如何体现其魅力的？
3. 赛车运动分类有哪些？列举几种世界主要的汽车运动竞赛。
4. 列举 3 个著名的赛车队及赛车手。
5. 列举几种中国大学生参与的汽车运动竞赛项目。

第6章

认识汽车

——车轮上的安逸

△ 乘坐舒适性

△ 汽车驾驶操作性

△ 汽车安全性

汽车越来越多地进入了社会生活的各个方面，成为与人们工作和生活紧密相关的、大众化的商品，汽车作为“车轮上的房间”的功能日趋丰富和完美。与此同时，人们对车辆驾乘感受及安全性能的要求也越来越高，乘坐舒适性、驾驶操作性和行驶安全性是现代汽车的最为基础的技术性能。

6.1 汽车舒适性

汽车舒适性与汽车其他性能不同，其各项指标的评价都与人体主观感觉直接相关，包括主要与底盘设计紧密相关的汽车平顺性和与车身环境感观有关的舒适性配置（如隔音降噪、空气调节、座椅空间、内饰环境、仪表信号等）。

6.1.1 悬架系统——汽车舒适性的基础保障

汽车平顺性就是在车辆行驶过程中，保持汽车乘员所处的振动环境具有一定舒适度的性能，对于载货汽车而言还应保持货物在振动状态下的完好不受损。汽车行驶时，由于路面不平等因素激发车辆振动，从而影响人的舒适性、工作效率和身体健康，并影响所运货物的完好；振动在车辆上产生的动载荷会加速零件磨损，导致疲劳失效。因此，降低汽车振动的不利影响是汽车平顺性研究的主要问题，而汽车悬架系统设计是影响汽车平顺性的关键。

1. 常规（被动）悬架系统

悬架系统是指车轮与车身/车架之间的连接结构，其作用之一是传递车轮和车架/车身之间的力和力矩，并且由悬架弹性部件与汽车充气轮胎共同缓冲不平路面对车架或车身的振动冲击，衰减由此引起的汽车振动，以保证汽车乘员的舒适性和货物安全。汽车悬架性能的好坏直接影响汽车行驶的平顺性和舒适性，是汽车舒适性的设计保障。

典型的汽车悬架都包含弹性元件、减振装置和导向机构三个基本构件。弹性元件的主要形式有：钢板弹簧、螺旋弹簧、扭杆弹簧和空气弹簧。现代轿车悬架多采用螺旋弹簧，载货车辆多使用钢板弹簧，空气弹簧一般用于豪华大客车和某些重型车辆的悬挂系统（见图6-1）。

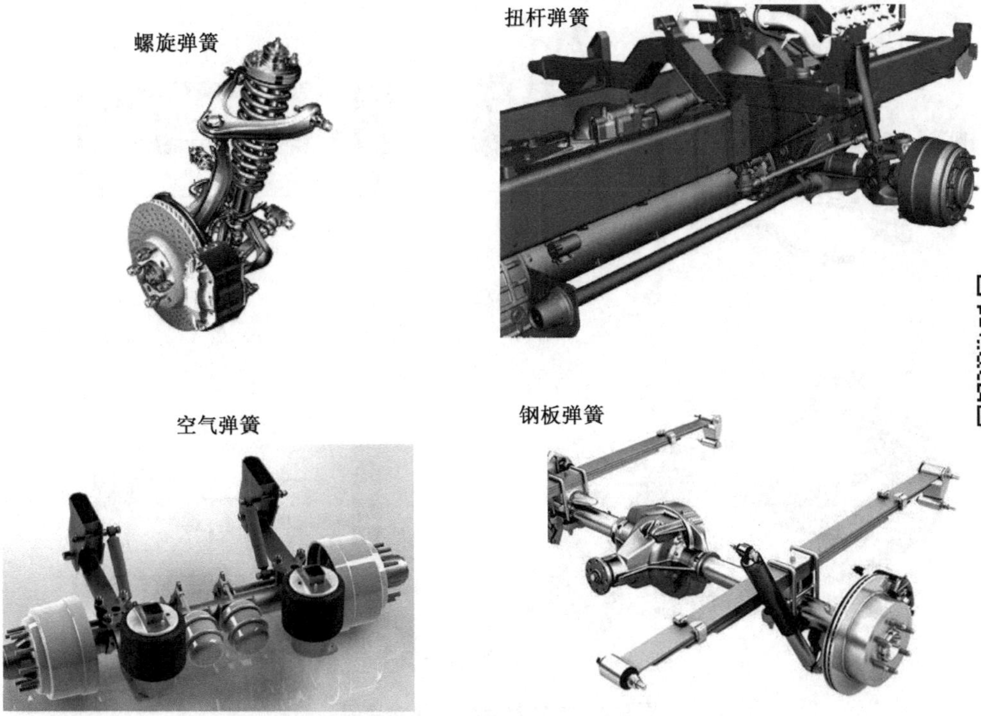

悬架系统与操控性

图 6-1　汽车悬架单性元件

钢板弹簧悬架（简称板簧悬架）应用广泛，大部分卡车悬架系统是以钢板弹簧为弹性元件并兼作导向装置的。其主要优点是结构简单，制造容易，维修方便，工艺成熟，工作可靠；缺点是簧片质量大，不能同时兼顾舒适性与操纵稳定性。空气悬架则充分利用了空气弹簧变刚性且可控的特性，有利于车辆舒适性设计。

汽车的悬架系统形式分为非独立悬架和独立悬架两种（见图 6-2）。独立悬架的结构特点是每一侧的车轮可以单独通过弹性悬架与车架或车身连接，两侧车轮可以单独跳动，互不影响。非独立悬架的结构特点是两侧车轮由一根整体式车桥（车轴）相连，当一侧车轮因道路不平而发生跳动时，必然引起另一侧车轮发生摆动。

2. 可控主动悬架系统

常规悬架实际是被动悬架系统，刚度和阻尼不可调，其减振性能参数由结构设计决定而不能自主适应性调整，只能获得特定工况下的最佳减振效果。为了更好地改善汽车的平顺性和舒适性，具有一定振动自适应性的汽车半主动悬架和主动悬架系统应运而生。

半主动悬架的阻尼或刚度可调，除了需要能量驱动电磁阀外很少有额外的动力消耗，其结构简单成本低，可以获得接近主动悬架的效果，因此被广泛运用。

主动悬架系统采用了有源闭环控制系统，由车辆中央控制单元 ECU 根据实时的路面和运动状态，计算出最佳参数并对减振器进行主动控制调整，使悬架始终处于最佳减振状态，并抑制和控制车身振动，主动悬架系统主要应用于高级轿车和高档客车上。

(a) 非独立悬架

扫扫看

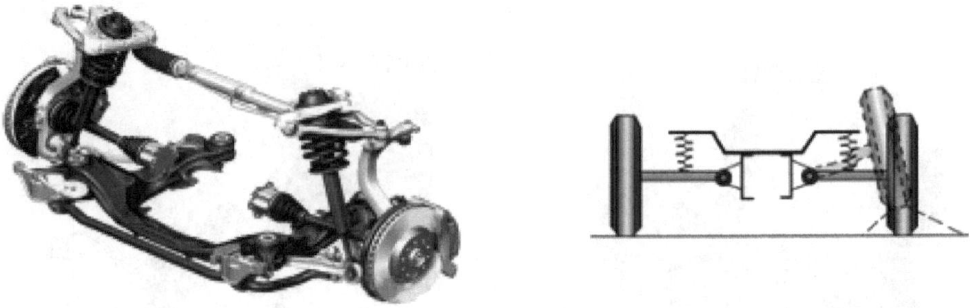

(b) 独立悬架

图 6-2　独立悬架和非独立悬架

先进的电控空气悬架系统改变悬架弹簧刚度和阻尼时，还可以动态调节车身高度，保持车身高度不随载荷的变化而变化。目前典型的车身高度悬架调节系统有可调空气悬架系统和可调油气悬架系统两种。

6.1.2　驾乘环境的舒适性配置

1. 座椅系统

座椅的基本功能是满足操作便利性和乘坐舒适性，它还能有效缓冲地板传递的汽车振动。现今的驾驶座椅（前排）基本具备前后、上下、前后倾斜角度等多维度位置调节功能，以保持乘员的姿态正确、操作轻松和视野良好，同时座椅的垫、靠材料能够对乘员身体部位提供较好的贴合感、支撑依托感和包裹稳定感，保障乘坐舒适性和稳定性。

如今的高级座椅系统的设计更为人性化和便利化，主要特征包括：

① 座椅电动调节：电动座椅以电机为动力，驾乘者通过座椅侧面的键钮操纵传动装置和执行机构来调节座椅，获得乘坐舒适、视野良好、便于操纵的位置（见图 6-3）。一般电动座椅的调节动作包括前后滑动、高低垂直调节、坐垫及靠背倾角调节，更为高档的座椅调节还包括头枕高度与前后调节、侧背支撑调节、腰部支撑调节等。

② 座椅位置自动记忆功能：目前市场一些高级轿车都采用座椅自动控制系统（作为 CAN 总线上的一个节点并入汽车的控制系统中），当驾乘者调节到其最佳座椅位置后，可以在控制系统中存储其理想的座椅位置，这样每次乘坐时只要一按开关，座椅即可自动调整到最佳位置。还有些汽车座椅将自动安全带也整合在座椅系统中。

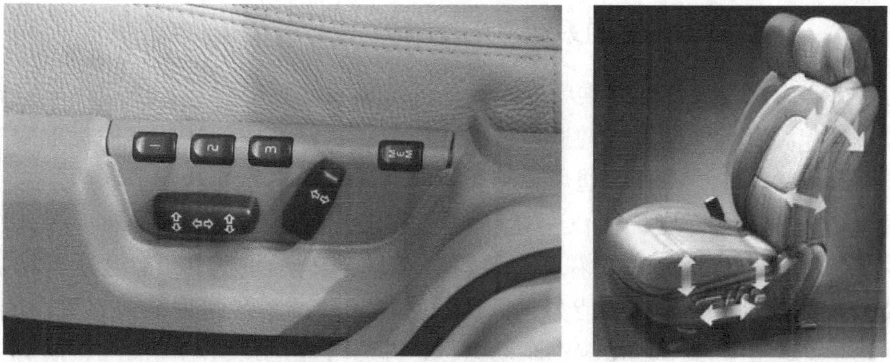

图 6-3 带有位置记忆功能的电动座椅

③ 真皮座椅的加热通风装置：真皮座椅乘坐舒适感较好，为进一步改善乘坐的舒适度，尤其是在盛夏和寒冬的时节，具有坐垫通风和加热系统的座椅带来的冬暖夏爽感觉肯定会给驾乘者不一样的感受。

2. 电动车窗和车顶天窗

目前市场上的轿车基本都装有电动门窗，通过升降按钮控制驱动电机的正反转，实现车窗的升降。智能化、人性化的电动车窗带有防夹功能，当遇到车窗有人或物被夹时，车窗将自动下降以避免夹伤或玻璃损坏。

车顶天窗改变了传统的换气形式，当汽车高速行驶时，天窗的开启使车外形成一片负压区，由于车内外气压的不同，车内空气被抽出从而达到换气的目的（见图 6-4），这着实给驾驶者带来了不少便利。

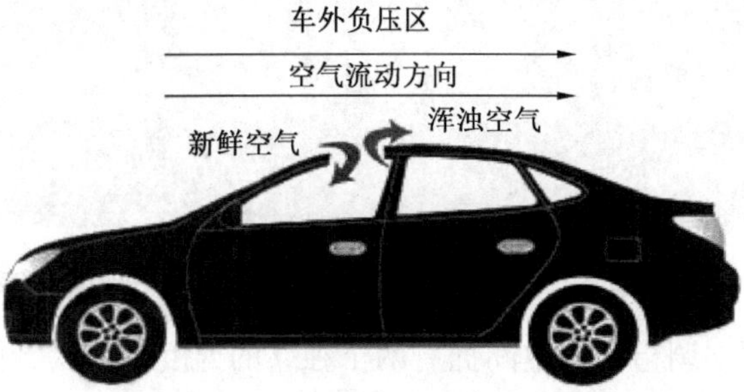

图 6-4 车顶天窗的换气效果

小贴士

◆自己能改装天窗吗？

不少车主想给自己的爱车增加天窗，改装天窗其实是一种不明智的做法。因为天窗结构并非简单地在车顶开一个窗洞，所有原厂带有天窗的车辆，其车顶设计都不同于无天窗的车辆，自行改变车顶结构势必改变车辆整体的安全性能。

6.1.3 净化空气的空调系统

为保持车内人员良好的驾乘状态以利于安全操纵和乘坐舒适，使用汽车空调系统来调节温度和湿度、保持良好的通风来净化空气，这已经成为乘用车的标准配备。汽车空气调节包括制冷、采暖、通风、除霜、空气净化等内容，这与普通建筑物空气调节系统功能并无本质区别。但汽车是一个“移动房间”，空间小而乘员多，换气量大，运行条件和所处环境变化幅度大且随机性强，其使用条件比普通建筑物更为苛刻，要求有较强的制冷和采暖能力，因此，对汽车空调系统的性能要有更高的要求。高性能汽车空调还要求不能影响汽车动力性，并尽可能地减少燃油消耗，同时要运行可靠、维护简便。

空调已经成为大多数乘用车和商用车的必装设备，一般轿车的空调出风口与驾驶仪表台作为整体进行设计，而在高档轿车上空调系统则在正副驾驶座之间设置独立的后排空调出风口（见图6-5），甚至门柱（B柱）出风口。有些高档轿车还有双温区智能控制空调、花粉过滤装置，还有驾驶员打瞌睡警报系统等多种乘坐舒适性设计。

图6-5 奥迪A6 Avant车型配置的后排空调调节和影音系统

双温区智能控制空调指车内空间拥有两个独立的温度调节区，前排空间左右两侧的区域可各自独立进行温度的调节。全自动区域智能空调可以将车内空间分为多个区域，并自动启动高温制冷、低温送风的功能，形成4个独立温度分区，为每位乘客分别提供所需的适宜环境，驾乘者可独立控制所在分区的温度、风量和气流分配（见图6-6），最大限度地合理利用电量，这也是为什么自动空调比手动空调更省电、省油的原因了，这对于目前电动汽车或油电混合动力汽车而言也非常重要，因为新能源汽车所使用的空调压缩机一般采用电动压缩机，电能的消耗是一个重要指标。

图6-6　大众辉昂高级轿车配置的4温区自动空调

6.1.4　汽车影音通信和导航系统

随着人们生活水平提高和生活方式的改变，以及受科技发展的影响，曾经作为汽车重要舒适性设备的汽车音响已经进化为集影音娱乐、通信和导航设备为一体的信息平台，由触摸屏作为系统主要的操作界面，辅以简单的功能按钮，除了可以实现传统的影音播放功能外，还可以具有USB/SD、蓝牙功能，移动电话通信、交通导航的通信功能。

6.1.5　汽车内饰

保障汽车舒适性还有一个重要的方面就是汽车内饰的设计。无论是乘用车还是商用车，车内装饰都直接或间接影响到驾乘人员的身体感觉和心理感受。以大客车为例，过去国产大客车内蒙皮多采用在金属骨架上铆薄板（钢板或塑质板材）的结构，地板使用钙塑地板等，这实际上只是空间的封闭，根本谈不上有“内饰”的概念，看不到车内环境应有的精细和美观，隔热降噪性能差，耐久性差，不仅没有舒适性而且对驾乘者的心理影响较大，甚至会影响到行车安全。

随着汽车设计、制造工艺水平的提高，汽车内饰已经成为汽车造型和人机工程设计的重要内容，即使是货运卡车的驾驶室环境也充分考虑人性化设计要求，特别是为长途驾车提供一个“家居”的环境（见图6-7）。

图6-7　一汽解放J6重型汽车的驾驶室内部

如今，汽车内饰呈现高档化、专业化的特征：一是汽车内饰整体化设计，将仪表、空调、影音设备、扶手按钮甚至储物空间等进行一体化的造型、色彩、用材设计；二是内饰的覆盖材料由简单硬型材发展为品种丰富的软性环保材料，如聚脂发泡材料、专用纺织面料、真皮和亚麻材料等；三是内饰零部件的生产均专业模具化，使得内饰部件更为精细，这也有利于保证内饰的结构强度和密封、隔热、降噪等性能。

6.2 汽车驾驶操纵性

汽车驾驶操纵性包括汽车驾驶操作环境与操作性能两方面因素。汽车驾驶操作环境主要是指操作活动空间、内部设备设计（例如脚踏板高度、手柄高低位置、开关按钮设置、车门及通道宽度等）；驾驶操作性能是指驾驶操纵的轻便性、行驶中各种信息的感受便利性等。

良好的汽车驾驶操纵性是车辆设计的重要目标之一，很重要的设计手段就是依托人机工程理论和方法，在给驾乘人员提供舒适的乘坐环境和减轻疲劳感的同时，保证驾驶员操作轻松和及时感知信息，以利于长时间安全驾乘。

人机工程设计是汽车驾驶操纵性的思考出发点。汽车驾驶员的手触及界面是指驾驶员以正常姿势坐在座椅中，身系安全带，右脚支承于加速踏板上，一手握住方向盘时，另一只手所能伸及的最大的空间曲面。驾驶室内的一切手操作钮件、杆件、开关等的位置均应在此界面之内，这是人机工程理论的一条基本原则。足蹬踏板力度与坐姿、足位、踏板与座椅间的方位距离等因素有关，坐姿时驾驶员对方向盘的手操舵力度与方向盘倾角有密切的关系。不同车型（如大客车、载重汽车、小轿车）的足蹬踏板力度、操舵力度范围要合理设计，最终目的是要控制和减缓驾乘人员的生理和心理疲劳感。

扫扫看

6.2.1 驾驶操纵的空间保障

改善汽车操作空间环境主要应考虑必要的操作活动空间以保证正确舒适的乘坐（操作）姿势。汽车的外形尺寸不可能无限大，实际上汽车操作活动空间就是指可以容纳额定乘员的最小极限尺寸。为了保障有限的汽车空间里驾驶者能够足够灵活和自如地操纵汽车，汽车在设计上作了许多扩展，如采用曲面玻璃扩大肩部空间，采用前置前驱动方式减少传动系造成地板鼓包，以增加脚底空间等。

汽车操作活动空间实际上与汽车座椅（驾驶者）的空间方位有着不可分割的关联，汽车座椅的几何参数可参考坐姿人体尺寸确定。垂直坐姿与驾驶姿势有明显区别，因此汽车座椅中的某些尺寸或角度还应充分考虑驾驶姿势的要求。为了减轻驾驶姿势的不适和疲劳感，座椅系统应使驾驶员身体各部之间的夹角保持在合理范围（见图 6-8）。

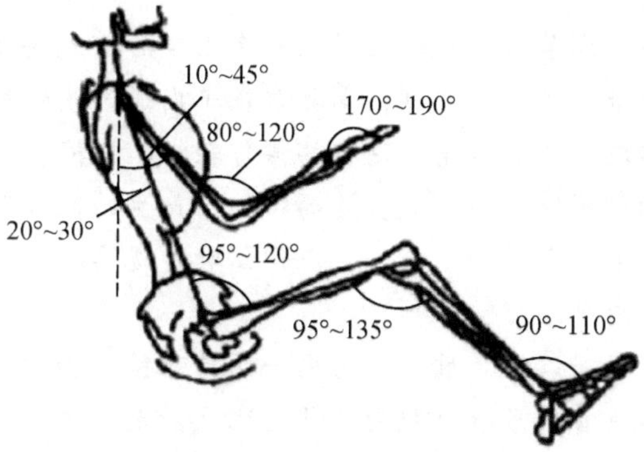

图6-8 驾驶姿势舒适角

为保证驾驶员操作得心应手，方向盘、操作（油门、制动、离合）脚踏板、变速杆等使用频繁的操作机构与“驾驶位置”应协调布置，同时必须考虑在预想的各种使用场合下，使操作动作进行得自然而有节奏。例如：转向信号手柄和变速杆一般应布置在两侧用两只手分别操作；为适应驾驶员不同体型的最佳驾驶位置，汽车驾驶座椅和方向盘的相对位置一般都应设置调节机构；用自动取代手动提高操作装置的性能，用助力装置减轻操作负荷。

6.2.2 驾驶操作信息的感知

汽车驾驶过程中，驾驶员需要对本车工作状态、外部车辆人员情况、周围环境及障碍物情况、路面交通设施指示等信息及时了解和判断，并对驾驶操作进行相应调整。因此对驾驶操作信息的感知是衡量汽车操作性的主要设计指标。

1. 视界

驾驶汽车时，道路状况、各种信号标志和周围交通情况等外部信息，几乎全是靠视觉获得。汽车视界可分为直接视界（驾驶员眼睛可直接看到的视界）、间接视界（通过后视镜等观察到的视界），无论是哪种情形，都应尽可能地减少驾驶员视野内的死角（盲区）。

挡风玻璃开口面积，立柱、座椅、翼子板等车身构件的位置尺寸，车窗玻璃的透光率和车窗玻璃的反射率，高倾斜度的前挡风玻璃减速错觉等，这些都可能影响到汽车的直接视界，而汽车除霜和使用雨刮器对视界的影响也是车辆设计要考虑的。

影响间接视界的因素有：后视镜的位置与大小，座椅靠枕等构造和周围乘员头肩部位置。另外，后视镜反射膜材料不同，后视视觉效果也有很大不同。

小贴士

◆电控与防眩目后视镜

车辆借给他人驾驶后，车主往往需要重新调整车辆后视镜，这样的情况许多人都遇到过。不同的驾驶员身高不同，会有不一样的驾驶姿势，要求车辆后视镜有不同的工作位置，观察和调节后视镜就成了驾驶者上车后首先要注意的。这个时候电控后视镜就给我们带来了不小的便利，驾驶员在车内通过按钮用电气装置控制转动部件来调节后视镜面达到所需视角，这样的操作轻松、快捷、方便，还解决了拉索式后视镜在调节右外后视镜时因驾驶员远离按钮而产生的操作不便的问题。自动翻转后视镜还可以在靠边停车时向下翻转，以便驾驶员观察路边台阶，而挂挡正常行驶时则会恢复到正常角度。

防眩目后视镜一般安装在车厢内，它由一面特殊镜子和两个光敏二极管及电子控制器组成，光敏二极管用来接收照射光并对比反射光强度，反射镜的镜面电化层颜色随控制器的指令而改变颜色深浅，使反射量根据入射强度自动持续变化以防止眩目。当车辆倒车时，防眩目车内后视镜防眩功能被自动解除。

◆后视帮手——倒车雷达/可视倒车系统

倒车泊车一直是考验车手驾技的重要操作难点，倒车雷达的产生为驾驶者提供了一个好帮手。倒车雷达利用现代信息技术、传感技术来扩展驾驶员的感知能力，倒车时以声音、语音或图像等形式告知驾驶员周围障碍物信息。现在倒车雷达几乎成了汽车的标准装备。

倒车雷达一般采用超声波或激光测距系统，但对车后方的水沟、山崖、小凸起物等，无法感应测距。因此带有后视摄像功能的倒车雷达进一步提升了其使用的便利性和直观性（见图6-9）。

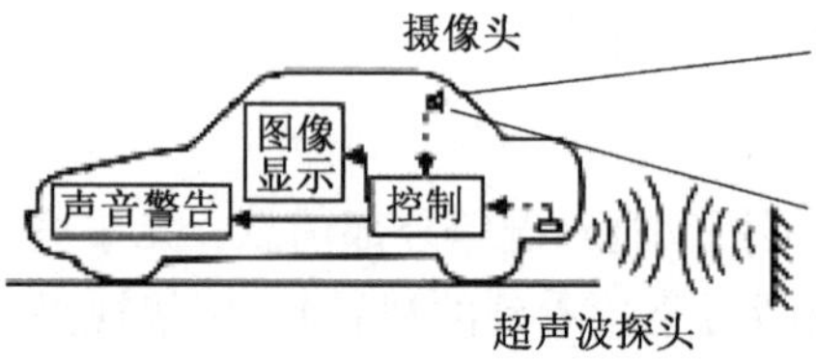

图6-9　带有后视摄像功能的倒车雷达

2. 视认性

驾驶员工作时一般要观察车上仪表和灯光指示，获取汽车各种装置工作状态和行驶状况的信息，并进行判断和操作。因此视认性良好的仪表和指示灯是汽车操作信息感知的重要装置。

影响视认性的因素有：仪表的数量与布置、指针与表示文字的长度和大小、配色和夜间照明、随发动机启动自动打开的日间行车灯等。

汽车制动灯（刹车灯）是重要的信号指示装置，当驾驶员踩下制动踏板时，制动灯即亮起，并发出高亮度红色光，提醒后面的车辆注意。制动灯一般装置在车尾两侧，为了改善视认性，一些车辆在车尾上部也安装了制动指示灯，目的是让后方车辆能及早发现前方车辆信号改变，防止发生汽车追尾事故。由于汽车已有左右两个制动灯，因此车尾上部的高位制动灯也被称为第三制动灯。

6.2.3　驾驶操作的自动化

现代汽车的驾驶性能提高，在许多方面都表现为自动化装置的应用，其中最为典型的就是自动变速器的使用，我国在驾驶执照的C级照中专门为驾驶自动变速器车辆设置了C2等级。自动化操作装置的应用种类十分多，典型的还有自动巡航控制、智能随动前照明系统，此外还有自动雨刮器系统等。

1. 自动变速器

自动变速器（Automatic Transmission，AT）的核心性能是实现自动换挡。所谓自动换挡是指汽车在行驶的过程中，驾驶员只需要操控油门踏板，自动变速器即可根据发动机负荷和汽车的运行工况，自动换入不同挡位工作，它取消了离合器踏板，从而减轻了驾驶员的操作复杂性，使驾驶更为轻松。

自动变速器是集机械、电子、液压技术于一体的高科技汽车部件总成，自动变速器的设计制造也是中国汽车产业曾经的薄弱环节。目前电控自动变速器在轻型乘用车和高档大客车中的应用已经十分普及。

自动变速器并非没有挡位，真正实现传动速比连续可调的变速器被称为无级自动变速箱（Continuously Variable Transmission，CVT），它取消了离合器，消除了车辆行驶中有档位变速器的顿挫感，在低速、高速都能平滑顺畅。

自动变速器虽然操作轻便，但与手动机械变速器相比传动效率没有明显优势，相对而言燃油经济性不如传统机械变速器。为解决这个问题，一种基于机械自动变速器的双离合器结构得以被工程师开发和应用，诞生了所谓双离合器变速器（Dual Clutch Transmission，DCT）。它相较传统自动变速器有成本和效率优势，换挡速度被认为比专业车手的手动换挡速度还快，因此从技术角度看，DCT适用于任何车型，比其他变速器更具有燃油经济性的优势。德国大众公司是最早开发和规模使用双离合器技术的汽车公司，称其为直接换挡变速器（Direct Shift Gearbox，DSG），如今DSG成为大众的产品宣传招牌（见图6-10）。

图6-10　DSG成为大众双离合变速器的形象代言符号

2. 巡航控制系统

巡航控制系统（Cruising Control System，CCS）是一种在一定的车速范围内，驾驶员不用控制油门踏板就能使汽车以设定的速度稳定行驶的一种电子控制装置。装有这种装置的汽车在高速公路上行驶时，可以省去驾驶员用脚保持油门的动作而自动维持预先设定的车速，从而大大减轻驾驶员长时间驾驶的疲劳感，提高行驶时的稳定性、安全性、舒适性和燃油经济性。

巡航控制系统主要由指令开关、传感器、电子中央控制单元 ECU 和执行器组成。ECU 根据设定速度与实际车速的差异发出油门控制指令，从而使油门执行器根据油门控制信号来调节发动机油门的开度，以修正速度误差从而使车速保持恒定。

一般来说，巡航控制系统有巡航定速、巡航加速、巡航减速的功能（见图 6-11）。将控制手柄开关拨到 ON 位置后，即可在 40 km/h 以上的任何速度通过 SET 键设定巡航定速、巡航加速、巡航减速，进入巡航状态（无需踩油门，车辆即可按设定的巡航速度行驶）。

在巡航状态下，轻轻踩下制动踏板，便可解除定速巡航状态。解除定速巡航后，可以通过 RESUME 操作恢复之前的定速巡航。

图 6-11　汽车自动巡航控制开关

3. 自适应前照灯系统 AFS

许多高级车型装备了自适应随动转向前照灯系统（Adaptive Front-lighting System，AFS），随动转向大灯通过采集方向盘转角信号、方向盘扭矩信号、车速信号、车身高度变化等信号，驱使电机带动前射灯单元不断进行动态方位调节，以确保对前方道路提供最佳照明并为驾驶员提供最佳可见度（见图 6-12）。AFS 还可以与 GPS 导航系统有效结合，根据导航信息更清楚地识别所处的位置和需要的灯光条件，从而实现对灯光更为智能化的调节。

AFS 一般还匹配了自动感应式前照灯，通过对路面的边界和行车线的识别，根据对面车道照射来的光强的变化和环境状况的影响，自动进行默认照明模式（如高速公路照明模式、乡村照明模式、城市照明模式、弯道照明模式、恶劣天气照明模式）之间切换，自动进行近/远光灯选择，主动降低对对面车辆的光线影响，减少开关操作对行车安全的影响。AFS为行车安全带来了极大好处，因此目前正在得到认可和普及。博世公司甚至将更为先进的夜视系统（如红外线大灯或热成像摄像机）整合到照明系统，在夜间或者视线不明的情况下，将图像呈现在驾驶室中的显示屏上，使肉眼难于看清的障碍物体提前被驾驶员发现。

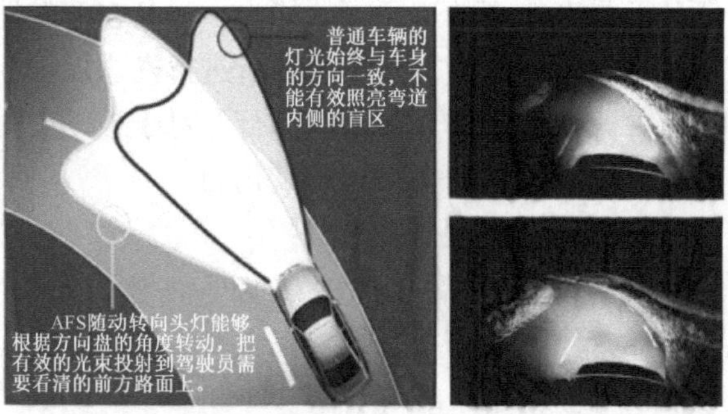

图6-12　自适应随动转向前照灯的效果

4. 智能泊车辅助系统

汽车智能泊车辅助系统（见图6-13）为很多不熟悉倒车、停车入位的驾车者提供了便利，使路边停车更加容易，但是现有的自动泊车系统并不是全自动的，停车入位过程中汽车行进的速度还需要驾驶员自行控制（若汽车的怠速足以将车驶入停车位，无需踩加速踏板），并注意倒车雷达和左右后视镜的信息提示，以免发生碰撞。

图6-13　智能泊车辅助系统示意图

5. 智能雨量传感器

汽车智能雨量传感器安置在前挡风玻璃后面，它能根据落在玻璃上雨水量的大小自动调整雨刮器的动作，雨刮器的动作速度实际上是无级调节，减少了开车人在雨天的调节操作。

6.3　汽车安全性

汽车是现代社会安装在车轮上的“房间”，操作的方便性和驾乘的舒适性离不开行驶安全性的前提。自从汽车诞生以来，人们围绕着汽车安全不断创新，各种安全装置的配备是车轮上“安逸”的保障。

如今公路网络发达，汽车性能提高，汽车行驶速度也相应加快，加之汽车数量增加而使交通运输十分繁忙，汽车事故引起的人员伤亡和财产损失成为一个不容忽视的社会问题，汽车交通安全问题越来越受到重视，已成为世界性的大问题。

汽车安全分为主动安全和被动安全两个方面。主动安全就是在汽车操纵性能方面着力，在设计指标上使车辆装备具有较高的避免事故能力，尤其在突发情况下能够保证汽车安全。被动安全是指汽车在发生事故时能对车内乘员进行安全保护，如今这一保护的概念已经延伸到车内外所有的人甚至物体。国际汽车行业对于被动安全已经有非常详细的测试规定，所以在某种程度上，被动安全是可以量化的。

目前，现代汽车安全技术形成了四大研发领域：

① 预防安全技术：即借助传感器和警报系统帮助车辆驾驶员保持安全驾驶状态，包括瞌睡驾驶预警系统、轮胎气压过低警报系统、视觉增强系统、夜间目标检测与警报系统、车辆检测与警报系统、导航指示系统等。

② 事故避免技术：主要是避免汽车在行驶的路线上同预警目标接触，包括跟车距离警报系统、车辆行驶路线改变的事故避免系统、行驶路线偏离警报系统、调节车辆位置的速度控制系统、碰撞自动检测与防护系统、转弯减速调节系统、自动停止警报和调节系统。

扫扫看

③ 减少损失技术：降低车辆发生事故时乘员和行人受伤害程度，如冲击吸能系统设计（包括车门结构设计要有足够的防侧撞能力，增加部分结构的吸能性能以有效吸收撞击能量，给乘员提供足够的生存空间保护）、乘员保护系统（包括安全带、安全气囊、安全座椅）、行人伤害程度降低技术设计（如丰田在发动机盖内设置气囊，三菱CFRP蜂窝结构发动机盖用小摄像机提供盲区影像，本田将发动机盖、盖前棱角、保险杠和前窗柱设计成吸能结构）。

④ 碰撞后乘员伤害减轻与防护：即车辆发生碰撞以后减轻乘员受伤害的程度并利于乘员逃脱，包括灭火系统、紧急门锁释放机构、碰撞识别系统、驾驶员行驶操作记录仪。

6.3.1 汽车主动安全装置

为预防汽车发生事故，避免人员受到伤害而采取的安全设计，称为主动安全设计，如ABS，EBD，TCS，LDWS等都是主动安全设计，其他像陡坡缓降系统（HDC）、自动驻车/上坡辅助系统、高位制动灯、前后雾灯、后窗除雾、基于图像处理技术以及雷达感应技术的碰撞预警技术等也是主动安全设计。它们的特点是可以提高汽车的行驶安全性，防止交通事故发生。目前主动安全技术逐渐在完善，有更多的安全技术将被开发并得到应用。

1. 防抱死制动系统（ABS）

ABS是防抱死制动系统英文Anti-lock Braking System的缩写。世界上最早的ABS首先在飞机上应用，后来又被用于高级轿车的制动系统，现在已经普及到各类乘用车和商用车上，大多数轿车和大客车都装有ABS。

一般情况下，汽车制动时制动踏板不能一脚踩到底，而应分步制动，一踩一松，直至汽车停下。但遇到紧急制动时，常需要汽车紧急停车，一脚踩到底就把汽车停下，这时由于车轮容易发生“抱死”不转动，即车轮由滚动变为路面滑动，从而使汽车发生危险工况：如果前轮抱死会引起汽车失去转向能力，如果后轮抱死容易发生甩尾事故。而装有 ABS 的汽车，能有效控制车轮保持在转动状态，不发生车轮抱死不转的情况，从而大大提高了制动时汽车的方向稳定性和较差路面条件下的汽车制动性能（见图 6-14）。

(a) 有ABS　　　　(B) 无ABS

图 6-14　ABS 制动效果示意图

ABS 工作时通过安装在各车轮或传动轴上的转速传感器不间断检测各车轮的转速，计算出瞬时的车轮滑移率，根据滑移率来判断汽车车轮是否已抱死，并与理想的滑移率相比较，做出增大或减小制动器制动力的决定，并发出指令使执行机构及时调整制动力，以保持车轮处于理想的制动状态。因此，ABS 装置能够使车轮始终维持在有微弱滑移的滚动状态下制动，而不会使车轮抱死，由此达到提高制动效能的目的。

2. 电子制动力分配系统（EBD）

EBD 能够根据汽车制动时轴荷的不同而自动调节前、后轴的制动力分配比例，提高制动效能，并配合 ABS 提高制动稳定性。汽车在制动时，各轮胎附着的地面条件往往不一样。比如，有时左前轮和右后轮附着在干燥的水泥地面上，而右前轮和左后轮却附着在水中或泥水中，这种情况会导致在汽车制动时四只轮子与地面的摩擦力不一样，制动时容易造成打滑、倾斜和车辆侧翻事故。EBD 在汽车制动的瞬间，分别对四只轮胎附着的不同地面进行感应、计算，得出不同的摩擦力数值，使四个车轮的制动力根据不同的情况分别进行调整，这个调整在车辆运动中连续进行，从而保证车辆的平稳、安全。

3. 驱动防滑系统（ASR）或牵引力控制系统（TCS）

汽车驱动防滑系统（Acceleration Slip Regulation 或 Traction Control System），简称 ASR 或 TCS（日本车型称它为 TRC 或 TRAC）是继 ABS 后采用的一套防滑控制系统，是 ABS 功能的进一步发展和重要补充。ASR 系统和 ABS 系统密切相关，通常配合使用，构成汽车行驶的主动安全系统。

TCS 又称循迹控制系统。汽车在光滑路面制动时，车轮会打滑，甚至方向失控。同样，汽车在起步或急加速时，驱动轮也有可能打滑，在冰雪等光滑路面上还会使方向失控而出现危险。TCS 就是针对此问题而设计出来的，它依靠传感器探测到从动轮速度低于驱动轮时（这是打滑的特征），就会发出调节指令（调节点火时间、减小气门开度、减小油门、降挡或制动车轮）从而使车轮不再打滑。TCS 可以提高汽车行驶稳定性，改善加速性，提高爬坡能力。TCS 如果与 ABS 相互配合使用，将进一步增强汽车的安全性能。TCS 和 ABS 可共用车轴上的车轮转速传感器，并与行车电脑连接，不断监视各车轮转速：若在低速发现打滑，TCS 会立刻通知 ABS 动作来减少此车轮的滑动；若在高速发现打滑，TCS 立即向行车电脑发出指令，指挥发动机降速或变速器降挡，使打滑车轮不再打滑，防止车辆失控甩尾。以往 TCS 只是在豪华轿车上才安装，现在许多普通轿车上也有。

ASR 的控制方式有以下几种：

① 调节发动机的转矩；

② 控制驱动轮制动；

③ 控制可变锁止差速器；

④ 控制离合器的分离程度和传动系速比。

4. 电子稳定装置（ESP）

电子稳定装置（Electronic Stablity Program，简称 ESP）是由奔驰汽车公司首先应用在它的 A 级车上的。ESP 实际上是一种牵引力控制系统，与其他牵引力控制系统比较，ESP 不但控制驱动轮，而且可控制从动轮。后轮驱动汽车若出现转向过度情况，此时后轮有失控甩尾的倾向，ESP 便会制动外侧的前轮来稳定车辆；在转向不足时，为了校正循迹方向，ESP 则会制动内后轮，从而校正行驶方向（见图 6-15）。

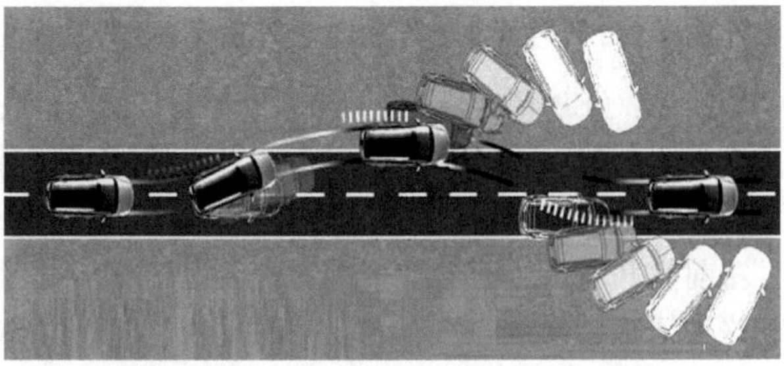

图 6-15　电子稳定装置 ESP 工作示意图

5. 紧急制动辅助系统（EBA）

电脑根据制动踏板上侦测到的制动动作，来判断驾驶员对此次制动的意图，如属于紧急制动，则指示制动系统产生更高的压力使 ABS 发挥作用，从而使制动动作更快，制动距离缩短。

6. 车道偏离预警系统（LDWS）

该系统提供智能的车道偏离预警，在车辆无意识（驾驶员未开转向灯）偏离原车道时，能在偏离车道 0.5 s 之内发出警报，为驾驶员提供更多的反应时间，大大减少了因车道偏离引发的碰撞事故。此外，使用 LDWS 还能纠正驾驶员不开转向灯的习惯。该系统主要功能是辅助监测过度疲劳或长时间单调驾驶引发的注意力不集中的情况。

7. 其他主动安全设计示例

① 车道保持系统：汽车在偏离车道时发出警示，通过 EPS 电控助力转向系统进行精细方向修正（见图 6-16），使车辆时刻保持在正确车道上。

② 红外线夜视成像系统：该装置能捕捉前方300 m内的热源，并在屏幕上高亮显示以提醒驾驶员（见图6-17），同时通过大灯闪烁警示行人，最大限度地避免夜晚驾驶危险。

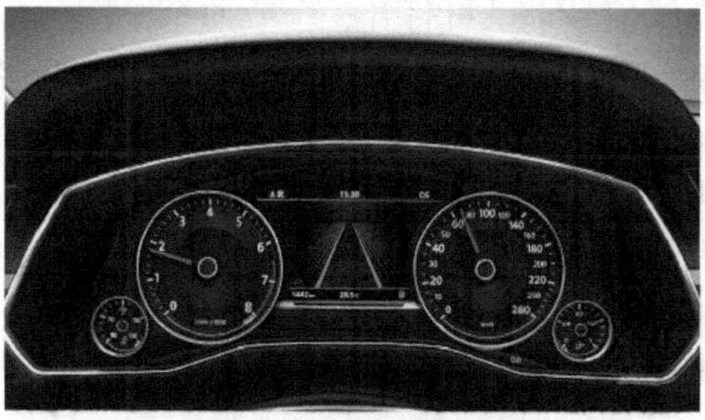

图6-16　车道保持系统

图6-17　红外线夜视成像系统

③ 主动胎压监测装置：利用安装在轮胎内的压力传感器测量轮胎气压，并将数据显示在屏幕上（见图6-18），当轮胎气压太低或漏气时，系统会自动报警。

④ 变道辅助系统：当其他车辆出现在监测区域内，后视镜上的黄色LED指示灯亮起（见图6-19），如果在此时变道，指示灯亮度增强并多次闪动，以警示请勿变道，避免危险发生。

图6-18　主动胎压监测装置

图6-19　变道辅助系统

⑤ 平视显示系统：利用光学反射原理，将关键行驶信息投射显示在挡风玻璃上（见图6-20），信息显示与驾驶员视线平行，阅读信息快速便捷，使驾驶员更专注。

⑥ 预碰撞安全保护系统：大众辉昂轿车设计了Front Assit和AEB自动紧急刹车系统（见图6-21），在紧急情况下进行辅助刹车，并通过Pre-crash系统收紧安全带，自动关闭车窗，降低潜在碰撞造成的伤害。

图6-20　平视显示系统

图6-21　辉昂轿车预碰撞安全保护系统示意图

⑦ 智能车锁/钥匙系统：通用别克君越轿车不仅在点火钥匙上加入 Passkey Ⅲ安全防盗系统，还将后行李箱结构设计为遥控开启无锁芯防盗模式；奔驰 CLK 双门轿车已采用了智能钥匙，这种智能钥匙能发射出红外线信号，既可打开一个或两个车门、行李箱和燃油加注孔盖，也可以操纵汽车的车窗和天窗。更先进的智能钥匙则像一张信用卡，当触到门把手时，中央锁控制系统便开始工作，并发射一种无线查询信号，智能钥匙卡做出正确反应后，门便自动打开；只有当中央处理器感知钥匙卡在车内时，发动机才会启动。

小贴士

◆独具特色的 Mobileye

除了汽车制造企业在主动安全领域有着积极的表现之外，一些专业公司也在致力于汽车安全技术研究。其中最富盛名的莫过于以色列 Mobileye，该公司主要致力于计算机视觉算法和驾驶辅助系统的芯片技术的研究，是驾驶辅助技术方面的领导者，与特斯拉有过紧密合作，为通用、大众、沃尔沃汽车等多家公司提供碰撞预警系统，在该市场掌握着全球70%的份额，公司的发展历史距今不到 20 年的时间，如今已被美国英特尔收购，成为其子公司。

公司的技术优势在于视频核心处理技术，其汽车主动安全系统包括驾驶操控辅助、车周环境探测、驾驶员疲劳检测（仅沃尔沃）、预碰撞警示（仅 Mobileye 产品）四类。

其车周环境探测系统的行人碰撞警示功能，可以在检测到前方 30 m 以内有行人时，首先会静默地点亮红色的行人标志，在行人进入危险距离可能发生碰撞的 2 s 前发出蜂鸣报警声。而驾驶员疲劳检测系统（沃尔沃装备）由一个摄像头、若干传感器和一个控制单元组成。摄像头装在风挡和车内后视镜之间，不断测量汽车与车道标志之间的距离，通过数字摄像机发出的信号和来自方向盘运动的数据监测车辆行驶的路线。该系统可把异常行驶情况和驾驶员的正常驾驶风格进行对比，通过中控显示屏来显示目前的驾驶状态。如果认定有疲劳驾驶或者分心的迹象，则会发出声音警报，并在仪表盘上显示“请休息一会”字样（见图 6-22）。

图 6-22　疲劳驾驶检测和警示

◆汽车主动安全的 10 大焦点技术

① 汽车行驶稳定控制系统；② 防止碰撞系统；③ 车尾监视系统；④ 盲点预警系统；⑤ 智能巡航系统；⑥ 轮胎压力预警系统；⑦ 智能安全气囊；⑧ 防侧翻保护系统；⑨ 主动头部保护系统；⑩事故安全助手。

6. 3. 2　汽车被动安全的吸能结构

汽车主动安全关注预防汽车交通事故的发生，车辆被动安全则考虑事故发生时乘员及外部人员的保护，减少直接损失，并防止事故后的二次伤害，还应考虑防止事故车辆火灾和迅速疏散乘客的性能。

1. 碰撞试验——汽车被动安全的评价

扫扫看

汽车被动安全性能包括内部安全性能和外部安全性能。内部安全性能应使事故中作用于乘客的加速度和力降低到最小，在事故发生以后提供足够的生存空间，并确保那些对从车辆中营救乘员起关键作用部件的可开启性。外部安全性能应确保避免在事故中汽车对外部行人伤害。

汽车碰撞包括：汽车与汽车或汽车与障碍物之间的碰撞，即汽车和外部事物之间的碰撞，也称为一次碰撞；车内驾乘人员由于一次碰撞后惯性力的作用与车内物体的碰撞，即乘员之间或乘员与汽车内部结构的碰撞，也称为二次碰撞。

汽车发生碰撞时乘员受伤害的主要原因在于：在碰撞时，汽车结构发生变形，汽车构件侵入乘客空间使乘员受到伤害；碰撞时由于汽车结构破坏，使得乘员身体的部分或全部暴露在汽车外面而受伤；在碰撞时乘员由于惯性作用在汽车内部发生的二次碰撞。

由于汽车的被动安全性常与汽车碰撞事故联系在一起，所以汽车碰撞安全性能测试被用来评价汽车的被动安全性能。在中国采用的是标准、公平和客观的 C-NCAP 车辆碰撞安全性能评价方法（见图 6-23），C-NCAP 不属于政府实施的强制性安全认证，但它促进了企业对安全标准的重视，提高车辆安全性能和技术水平，为消费者提供新上市车辆的安全信息。

(a) 正面碰撞

(b) 侧面碰撞

图 6-23　C-NCAP 汽车正面和侧面碰撞试验

2. 汽车被动安全的结构设计措施

（1）车身安全吸能结构

为了减轻汽车一次碰撞带来的危险和伤害，车身结构应尽可能减缓一次碰撞的动能冲击，利用车身塑性变形吸收更多的能量，同时要以坚固可靠的乘坐空间结构保证乘员的有效生存空间，以便发生事故后乘员能够顺利逃逸（见图 6-24）。因此，从车辆的被动安全性考虑，对汽车结构设计的最基本要求包括：应使车身前后部结构尽量吸收撞击能量，缓解乘员受到的冲击；提高乘员室的刚度，确保乘员空间不变形，并保证碰撞后利于乘员逃脱和救护；碰撞发生后，结构的破坏不允许使车轮、发动机、变速箱等刚性部件侵入驾乘室空间，以防伤害驾乘者。

(a) 碰撞前　　(b) 碰撞后

图 6-24　汽车碰撞前后变形示意图

由图 6-24 可以看出，汽车碰撞后前后部结构发生了塑性变形压缩，但乘坐空间基本保持完好，碰撞能量基本为变形部分吸收，从而保护了乘客的安全。

（2）合理的车身结构分区

汽车碰撞事故是个十分复杂的情形，有正面碰撞也有侧面碰撞。

侧面碰撞车身变形缓冲区空间小，装饰件和结构件所能吸收的能量有限，对乘客危害较大，因此，增加驾乘室刚度时要使侧碰力有效地转移到车身具有保护作用的梁、柱、地板、车顶及其他部件，使侧撞击力被这些部件分散、吸收以提高侧面抗碰撞性能，为此汽车在车门和立柱设计时都有意进行了加强。

从汽车的碰撞安全性考虑，为保证乘员安全，要求车身的四周结构都具有吸收碰撞能量的功能，合理的车身结构如图 6-25 所示，A 区即驾乘区，车室要坚固可靠，确保乘员的有效生存，需要足够的刚性，不易变形；阴影的 B 区为缓冲吸能区，结构上刚性小于 A 区，有较好的变形缓冲功能，是外柔内刚的结构。A 区实际就是由 B 区围护形成的耐撞击箱体空间。

欧蓝德的安全车身

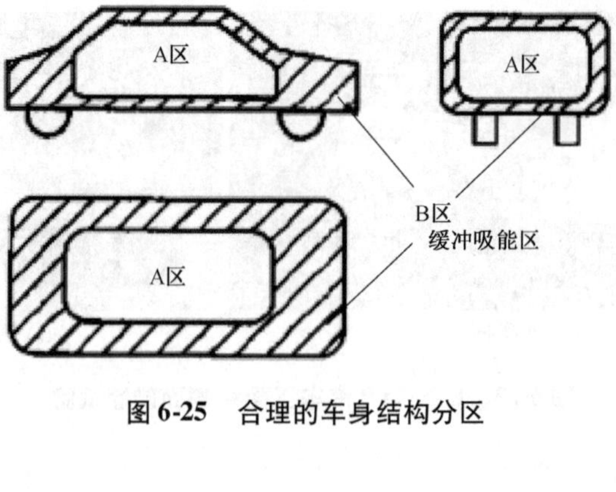

图 6-25　合理的车身结构分区

另外，在车体结构上还要考虑保护燃油系统的结构完整性，即油箱不破损、油路不泄漏等。

6.3.3　汽车被动安全的结构装置

1. 汽车防护杠系统

汽车保险杠是最为传统的吸能式被动安全部件，可以有效减轻一次碰撞的损害程度。按照吸能材料和作用原理的不同，保险杠有阻尼型、弹性材料型、弹性－阻尼型、波纹管型、能量耗散型、主动作用型等多种形式。

根据车辆运用场合的变化，现代汽车又发展出侧围保险杠、侧门防撞杆、防护网、吸能车架结构、防翻车保护杠等多种保险防护杠的变形设计（见图 6-26）。

图 6-26　越野汽车的保险防护杠

2. 汽车座椅安全带系统

汽车座椅安全带是重要的乘员保护设施之一，1922 年首次出现在赛车上，1955 年开始得到普及，我国强制使用安全带的条例于 1993 年 7 月开始实施。汽车安全带在减轻碰撞事故中乘员伤害程度方面起着重要的作用，统计数据表明，佩戴安全带使碰撞事故中乘员伤亡率减少 15% ~30% 。

汽车座椅安全带有两点腰带式、两点肩带式、三点式安全带、全背带式两点安全带（见图 6-27）。主动型安全带是需要人工锁扣及解扣的安全带，需要乘员的主动操作。被动型安全带不需要乘员动作，在车门关闭或开启后自动锁扣及解扣。

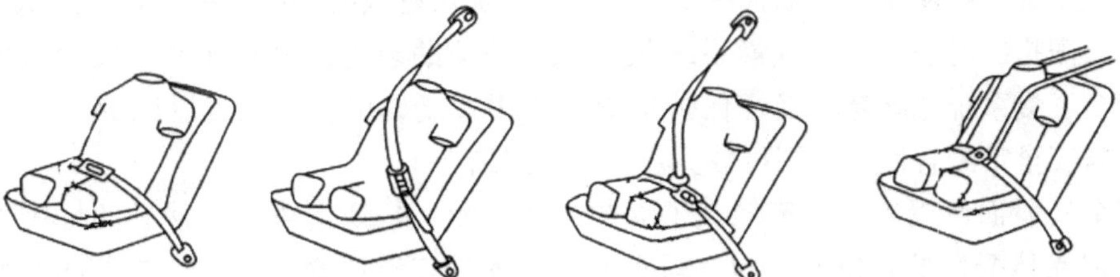

(a) 两点腰带式　(b) 两点肩带式　(c) 三点式安全带　(d) 全背式两点安全带

图 6-27　安全带的种类

当汽车发生碰撞事故的一瞬间，乘员由于惯性而向前，预紧式安全带在乘员尚未向前移动时会首先拉紧织带，当乘员惯性力作用在安全带上时锁止机构立即将安全带锁紧，不能从卷收器中继续抽出，将乘员紧紧约束在座椅上，防止乘员身体前倾，有效保护乘员避免二次碰撞和被抛离座椅的危险。

汽车安全带对驾乘人员的保护效果十分显著，被强制性在汽车上使用，但汽车安全带的设计标准以成人身体为参照，缺少对儿童乘员的有效安全保护。因此，关于汽车儿童安全座椅相应的法规，以及生产和检测标准在许多国家和地区也已出台。汽车儿童安全座椅一般是由汽车安全带固定在座椅上，是普通安全带的拓展应用。

气囊式安全带在安全带的主要长度部分，将安全带做成可充气膨胀的气囊，从而将汽车两种被动安全装置——安全气囊和安全带融合为一体。一旦发生碰撞，汽车就会发出信号释放气囊，使安全带的宽度增加（见图6-28），有助于分散撞车时胸部所受到的冲击力，还能支撑头部和颈部，减少受伤的可能性，更有利于儿童和老年人安全。

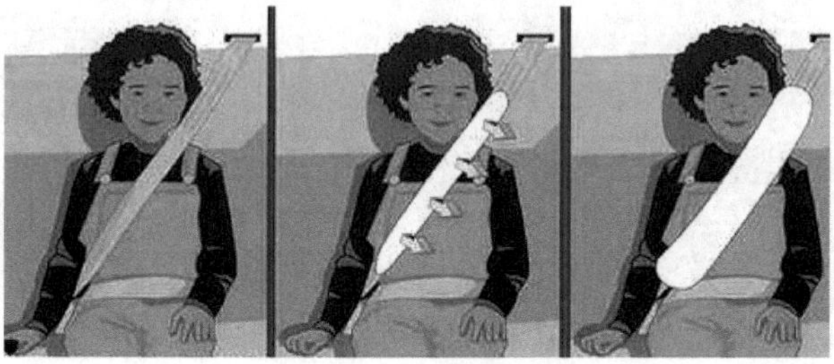

图6-28 气囊式安全带

3. 安全气囊系统（SRS）

安全气囊系统（Supplemental Restraint System，SRS）是汽车上驾乘人员座椅约束装置（座椅安全带）的一种辅助保护系统，也称空气袋（Air Bag）。汽车发生碰撞产生二次碰撞前，首先由安全气囊传感器接收撞击信号，只要达到规定的强度，控制系统即向气囊组件中的气体发生器发出起动信号，气体发生器引燃气体发生剂瞬间产生大量气体，使气囊在极短的时间内迅速展开，在驾乘人员的前部或侧部形成弹性气垫，并及时泄漏、收缩，吸收冲击能量，从而有效地保护人体主要部位，使之免受伤害或减轻伤害程度。

安全气囊与座椅安全带配合使用，可为乘员提供有效的防撞保护，有效降低乘员的伤亡率。需指出的是，安全气囊系统是安全带的辅助装置，只有在使用安全带的条件下，安全气囊系统才能充分发挥保护乘员的作用。气囊单独使用可以减少18%的死亡率，而与安全带配合使用，则可减少47%的死亡率。

安全气囊面世以来，已经挽救了无数人的性命，是现代轿车上常见的标配安全装置。根据人体受保护部位的不同，轿车安全气囊的安装位置也不同。常见的双气囊配置安装位置在方向盘和副驾驶仪表台上，在前排乘员与方向盘、仪表板和前风窗玻璃之间形成保护，只要看到SRS或Air Bag的标识就知道这里装备了安全气囊（见图6-29）。

(a) 方向盘气囊　　(b) 副驾驶仪表台气囊

图 6-29　方向盘和副驾驶仪表台的气囊

气囊独特的保护作用，使其应用得以十分广泛，许多高档轿车针对保护部位不同，设计使用了多气囊组成的保护系统，包括侧撞安全气囊（保护车内乘员不会因与车门发生碰撞造成伤害，如胸部侧撞安全气囊和头部侧撞安全气囊）、膝部气囊、后座椅安全气囊（安装在前排座椅的靠背上部后侧或头枕后部内）等。图 6-30 是大众豪华汽车的多气囊系统，包括前排双安全气囊、前后排侧面安全气囊、前后排头部安全气帘、驾驶员膝部气囊，这 9 个气囊可最大限度地降低撞击风险，360 度全方位保护驾乘者。

普通的安全气囊不能根据驾乘者乘坐状态、实际车速和碰撞烈度来调整气囊开启的速度和强度，有可能造成因为气囊开启强度过大而导致的不必要的人员（尤其是儿童）伤害。自适应型安全气囊改进了气袋的展开模式，从传统的气体冲出后膨胀展开改进为先展开后膨胀，一定程度上避免了安全气囊展开时的冲击力和膜张力对乘员造成的伤害。

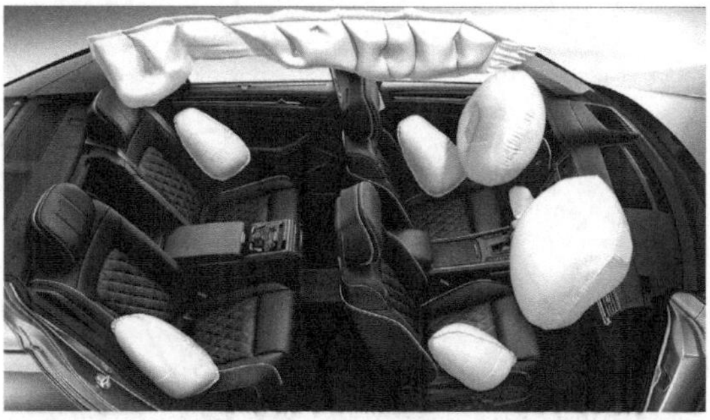

图 6-30　大众豪华汽车的多气囊系统

小贴士

◆智能安全气囊

智能安全气囊比普通气囊多了两个核心元件，即传感器及其与之配套的微型控制器。传感器可以探测出座椅上的乘员是儿童还是成年人，他们是否系好安全带，以及所处的位置是怎样的高度，通过采集这些数据，由控制器分析和处理，并调整安全气囊的膨胀时机、速度和程度，使安全气囊对驾乘者提供最合理和最有效的保护，特别是减少对儿童等身体矮小者的可能伤害，从而极大地提高其安全性。

4. 转向系统吸能结构

① 吸能式转向柱管：汽车发生一次碰撞时，碰撞能量使汽车的前部发生塑性变形，安装在汽车前部的与转向器输入端相连的转向中间轴在碰撞力的作用下向后轴向移动。为隔绝一次碰撞影响，可采用伸缩式转向中间轴、波纹管式或网格式转向中间轴、可断开式转向中间轴等转向中间轴的防撞结构设计。吸能式转向柱管是能防止或减少碰撞能量伤害驾驶员的转向柱，基本原理是当转向轴受到巨大冲击时，转向轴产生轴向位移，使支架或某些支承件产生塑性变形（见图 6-31），从而吸收冲击能量。

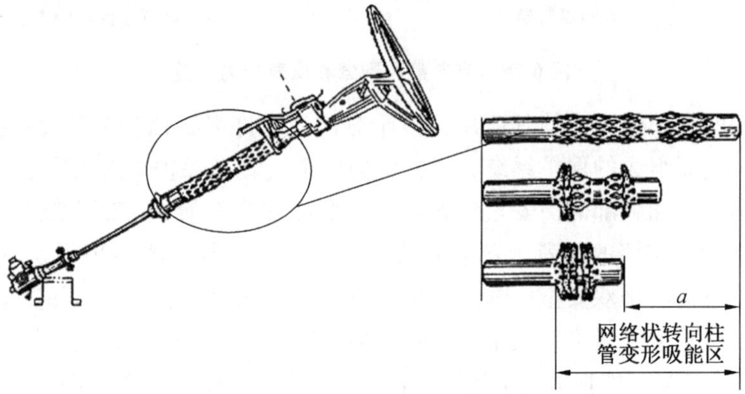

图 6-31　吸能式转向柱管

② 吸能式方向盘：汽车碰撞发生时，驾驶员在惯性作用下有冲向方向盘发生二次碰撞的危险，采用吸收冲击能量的方向盘结构能够利用其轮毂塑性变形吸收碰撞能量（见图 6-32）。

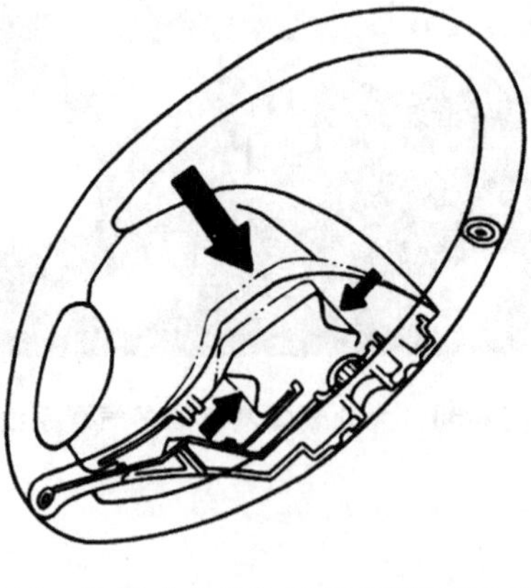

图 6-32　吸能式方向盘骨架变形吸能示意图

5. 其他被动安全装置

除上述的被动安全装置外，汽车座椅主动式头枕、汽车防盗装置、可溃缩式制动踏板、吸能内饰和阻燃内饰、安全燃油箱、安全夹层玻璃等也是一些汽车公司重点关注的被动安全技术。

汽车安全性已经不仅仅是个技术问题，在某种程度上也是一个重要的社会问题。总体来看，虽然人们用各种方法来保证行驶的安全，但是如何避免事故发生才是人们对于未来车辆安全的着眼点，因为只有最大限度地减少事故发生率，才能体现车辆的安全性。可以预见，主动安全将成为未来汽车安全技术发展的主流。在不断完善被动安全系统的同时，逐步发展和应用主动安全系统，将汽车内外的人员都纳入安全保护的范围，是汽车安全技术的发展趋势。未来智能行人保护系统、高级驾驶员辅助系统、保持车道状态系统、夜视系统、高灵敏度雷达传感器和激光雷达技术的应用将大大提高汽车主动安全的水平。

习题 6

1. 汽车舒适性主要研究哪几方面内容？
2. 哪种坐姿驾驶能减缓疲劳？
3. 何谓独立悬架和非独立悬架？其结构上有哪些特点？
4. 什么是非独立式空调系统和独立式空调系统？
5. 什么是汽车主动安全性和被动安全性？
6. 什么是附着力？如何增大汽车的附着力？

第7章

认识汽车

——转换动能的新能源汽车

△ 新能源汽车分类

△ 新旧动能转换——中国新能源汽车的发展

7.1　新能源汽车分类

依照中华人民共和国工业和信息化部 2009 年 6 月 17 日发布的《新能源汽车生产企业及产品准入管理规则》，新能源汽车是指采用非常规的车用燃料作为动力来源（或使用常规的车用燃料、采用新型车载动力装置），综合车辆的动力控制和驱动方面的先进技术，形成的技术原理先进、具有新技术、新结构的汽车。

新能源汽车包括纯电动汽车（BEV）、混合动力汽车（HEV）、燃料电池电动汽车（FCEV），以及其他新能源汽车等各类别产品。

7.1.1　纯电动汽车

1. 纯电动汽车的概念

纯电动汽车（Battery Electric Vehicle，简称 BEV），是指以车载电源（如铅酸电池、镍镉电池、镍氢电池或锂离子电池等可充电电池）为动力，用电机驱动车轮行驶，符合道路交通、安全法规各项要求的车辆。

扫扫看

2. 纯电动汽车的特点

① 工作状态零排放：纯电动汽车使用电能，在行驶中无废气排出，不污染环境。

② 能源效率高：电动汽车停止时不消耗电量，在制动过程中电动机可以转换为发电机，实现制动减速时能量的再利用，因此电动汽车的能源利用效率超过内燃机汽车，特别适合在城市复杂交通状况中运行。

③ 结构简单：因使用单一的电能源驱动，省去了发动机、变速器、油箱、冷却和排气系统等。

④ 噪声低：电动汽车无内燃机产生的噪声，电动机噪声也比较小。

⑤ 节约能源：电动汽车的应用可有效地减少对石油资源的依赖，减少一次能源的消耗。

但电动汽车的不足也十分突出，最为关键的就是续航里程不足和充电效率有待提高。就目前来说，一辆厂商公布的续航里程为 300 km 的电动汽车，冬季的时候至少会降低三分之一的续航里程。而电动汽车的电池慢充时间一般是 8 h 以上。

3. 纯电动汽车的核心技术——“三电”系统

电动汽车的“三电”是指电源系统（动力电池组）、电力驱动系统（电动机）、电控系统，这是电动汽车的关键技术。

电源系统包括电池组（电源）、能量管理系统和充电机，其主要功用是向电动机提供驱动电能、监测电源使用情况，以及控制充电机向电池组充电。纯电动汽车的常用电源有铅酸电池、镍镉电池、镍氢电池、锂离子电池（见图 7-1）等。

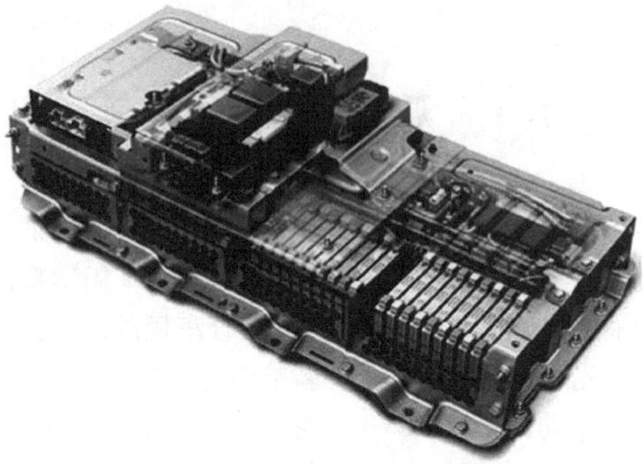

图 7-1　汽车三元锂电池组

电力驱动系统包括电子控制器、功率转换器、永磁同步电动机（见图 7-2）、机械传动装置和车轮，其功用是将电能高效地转化为车轮的动能，并能够在汽车减速制动时将车轮的动能转化为电能充入电池。后一种功能称为能量回收再生制动。

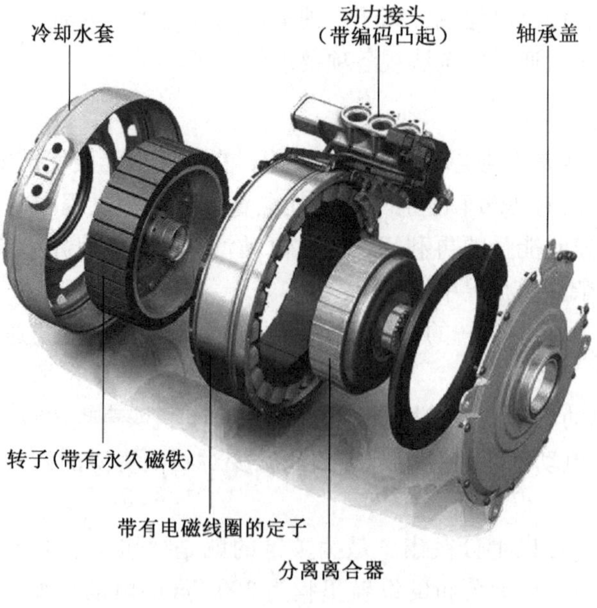

图 7-2　永磁同步电动机

电动汽车的控制系统性能直接影响着汽车的性能指标。电控系统控制汽车在各类工况下的行驶速度、加速度和能源转换情况。它类似于燃油汽车的加速踏板和变速器，包括电动机驱动器、控制器及各种传感器，其中最关键的是电源逆变器。

除此之外，电动汽车还有一些辅助系统，例如辅助动力源、动力转向系统、导航系统、空调器系统、照明信号系统等，这些辅助设备可保障汽车的操纵性和乘员的舒适性。

4. 典型纯电动汽车

（1）特斯拉

扫扫看

特斯拉公司（Tesla Inc.）是美国一家产销电动车的公司，由马丁・艾伯哈德工程师于 2003 年 7 月 1 日创立，后于 2017 年 2 月将公司的注册名称中含有“汽车”意义的“Motors”一词去掉，改成现在的 Tesla Inc.。特斯拉公司总部设在美国加州的硅谷地带。

特斯拉公司以电气工程师和物理学家尼古拉・特斯拉命名，专门生产纯电动车，生产的车型包含 Roadster、Model S、Model X、Model 3。该公司是世界上第一个采用锂离子电池的电动车公司，其推出的首部电动车为 Roadster。特斯拉跑车是美国第一款可在高速公路上行驶的量产纯电动汽车，在美国市场的起步售价高达 10.9 万美元。外观造型方面，该车定位一款四门 Coupe 车型，是一款全尺寸高性能电动轿车，动感的车身线条使人过目不忘。它的门把手在触摸之后可以自动弹出，充满科技感的设计从拉开车门时便开始体现。作为电动车，特斯拉跑车在许多国家享受了政府激励的优惠政策。

Model 3（见图 7-3）是特斯拉第三代电动汽车，它的设计继续延伸了特斯拉第一代全电动汽车 Roadster 的风格，售价大约为 3.5 万美元，是特斯拉第一款大众车型 Model S 起售价的一半。Model 3 充满电后，可一次行驶 250 英里（约 402 km）。

(a) Model 3　　(b) Model S

图 7-3　特斯拉 Model 3 与其前代产品 Model S

（2）宝马 i3

2013 年上市的宝马 BMW i3 在设计上曾先后赢得世界车型设计年度大奖等一系列重要奖项，获得了广泛的国际赞誉（见图 7-4）。BMW i3 的智能能源管理系统只需 3.8 h 的充电时间，即可让车辆续航里程到达 271 km，使其灵活高效应对城市交通和长途旅行。当启动 BMW i3 后，只需轻点“油门”踏板，就可以调用大扭矩来驱动车辆，且几乎静音；只要把脚抬离“油门”踏板，就能感受到车辆的制动反馈，这是由于纯电动 BMW i3 正在回收动能为电池充电。宝马公司将这种创新称为“单踏板感”，它不仅为驾驶员带来出色的驾驶乐趣，还能增加续航里程。

图 7-4　BMW i3 纯电动汽车

(3) 北汽新能源

北京新能源汽车股份有限公司（简称“北汽新能源”）创立于 2009 年，是北京汽车集团有限公司控股子公司，是我国首家独立运营、首个获得新能源汽车生产资质的新能源汽车企业，2017 年销售整车 10.32 万辆，连续 5 年蝉联全国第一，位列全球新能源汽车市场第 1 位。目前北汽新能源拥有 EU \ EC \ EX 等多系列新能源车型，其中 EC 系列车型（见图 7-5）销量一举超越特斯拉，成为全球最畅销纯电动乘用车，创造了中国汽车品牌的最好成绩。

图 7-5　北汽新能源 EC200

EC200 车型采用正向研发纯电动汽车专业底盘，带有智能制动能量回收系统，使续航增加 10%，续航里程可实现最大 160 km，快充 36 min 电量即可从 30% 充至 80%。

(4) 比亚迪汽车

新款秦 EV450（见图 7-6）具有超长续航、强劲动力、节能环保的核心优势，凭借比亚迪自主研发的永磁同步高效率高转速电机，最大功率 160 kW，最大扭矩 310 N·m，百公里加速时间 7.9 s，60 km/h 等速续驶里程达到 480 km。

图 7-6　比亚迪公司电动汽车秦 EV450

7.1.2　混合动力汽车

1. 混合动力汽车及其形式

现在人们通常所说的混合动力汽车，一般是指油电混合动力汽车（Hybrid Electric Vehicle，HEV）。它采用传统的内燃机（柴油机或汽油机）和电动机作为驱动动力源，车辆的行驶动力依据实际的车辆行驶工况由单个驱动系统单独或多个驱动系统共同提供。因各个动力组成部件、布置方式和控制策略的不同，混合动力汽车主要有串联、并联及其组合的混联三种形式。

（1）串联式混合动力汽车

串联，顾名思义就是内燃发动机和电动机“串”在一条动力传输路径上（见图 7-7），这与增程式电动汽车是一样的。串联式混合动力汽车最大的特点就是内燃机在任何情况下都不参与直接驱动汽车的工作，它只能通过带动发电机为电动机提供电能。

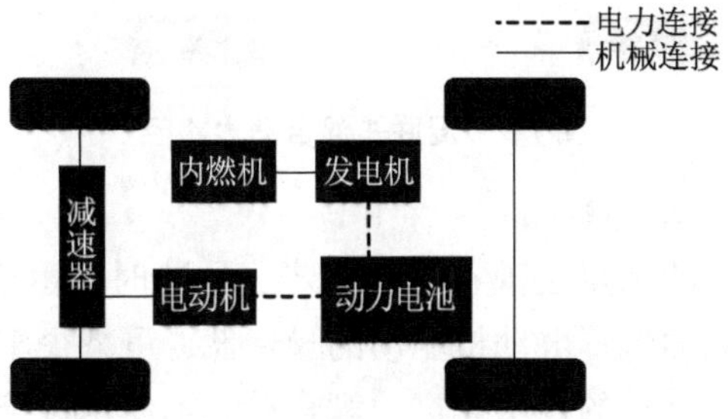

图 7-7　串联式混合动力路径

（2）并联式混合动力汽车

并联式混合动力汽车将内燃发动机和电动机“并联”在动力传输路径上（见图 7-8），控制系统根据行驶工况需要发出控制指令，由内燃机或电动机，或二者共同工作来驱动汽车。

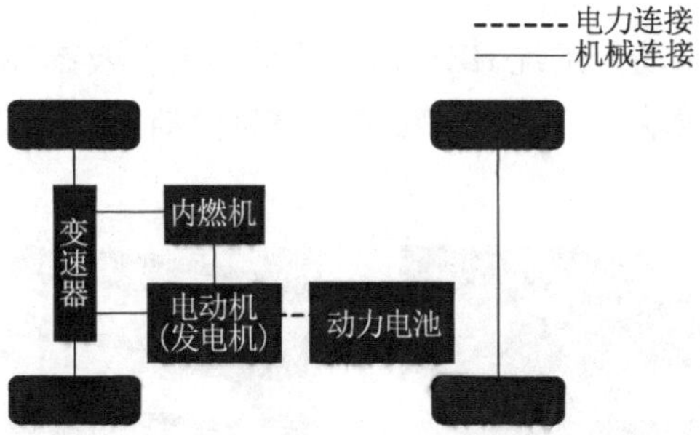

图 7-8　并联式混合动力路径

（3）混联式混合动力汽车

在并联式混合动力汽车的基础上再加入一个发电机就组成了混联结构（见图 7-9），内燃机和电动机在协同驱动汽车的同时，内燃机还能驱动发电机发电。这种汽车通常由一种所谓 ECVT 的行星齿轮结构耦合单元替代变速箱，起到连接、切换两种动力及减速增扭的作用。也有一些厂家在混联结构中使用普通的变速箱，如双离合变速器、无级变速器（CVT）等，但是效果远不及这种 ECVT 变速结构。

混联的结构特点和使用优点更加接近于并联结构的车型，但混联的驱动模式更加丰富。它在并联的混合驱动模式基础上，加入了充电功能，这意味着内燃机和电动机全力驱动车辆时，不用担心电量消耗的问题；并且得益于 ECVT 的加入，电动机和内燃机的配合模式更加丰富，能够更适应复杂工况的需要，节油效果更优。

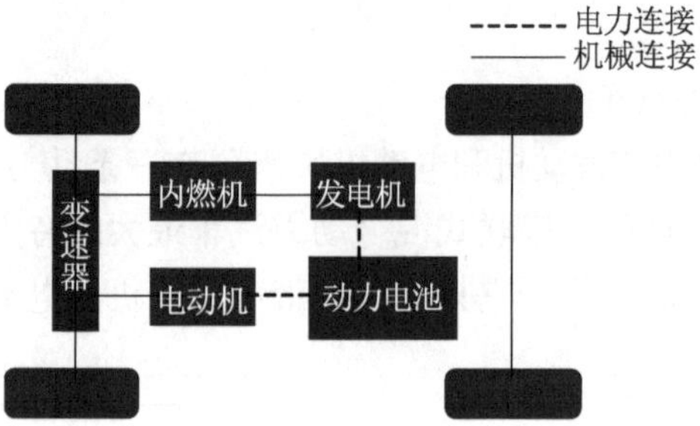

图 7-9　混联式混合动力路径

2. 混合动力汽车的特点

混合动力汽车的优点表现在：在起步、加速时，由于有电动机的辅助驱动，燃油经济性好，耗油低；电动机驱动的噪音低，可减少车内的机械噪音。

虽然混合动力汽车的技术先进，耦合单元不使用传统的变速箱，但这也带来混合动力汽车成本高的问题，另外还存在类似 ECVT 的技术垄断的影响。

扫扫看

3. 典型混合动力汽车

（1）丰田混合动力汽车

丰田于 1997 年推出全球首款量产型混合动力乘用车普锐斯（PRIUS）并形成具有领先地位的以油电双擎动力（HEV）和外插充电式混合动力（PHEV）为特色的丰田混合动力核心技术。

丰田的油电混合双擎动力系统 HEV 是目前世界上普及率最高的混合动力系统。目前国内极具知名度的凯美瑞、卡罗拉、雷凌、雷克萨斯等都有双擎动力 HEV 车型（见图 7-10）。

丰田混动

(a) 凯美瑞HEV　　(b) 普锐斯PHEV

图 7-10　丰田混合动力汽车

丰田普锐斯 PRIUS 插电式混合动力车是世界上最早量产、累计销量最多的 PHEV 车型，如今已经发展到第四代，搭载了最新一代 THS（Toyota Hybrid System）技术，在技术上比双擎混动系统领先许多，纯电续航里程达到 62 km。

（2）比亚迪“三擎双模”混合动力汽车

比亚迪“唐”混合动力汽车搭载了“三擎双模”动力系统，由一台 2.0T 涡轮增压发动机和前后两个电机组成，可实现前轮与后轮独立动力输出。在混合动力模式下，三个“引擎”同时发力，可迸发出 371 kW 的最大功率和 820 N · m 的峰值扭矩。比亚迪一直把加速性能作为重要卖点，“秦”的百公里加速时间首次达到 5.9 s，而“唐”将这一成绩进一步提升到 4.9 s，最新推出的“宋 DM”同样实现了 4.9 s 的百公里加速时间，在动力方面有着良好的表现（见图 7-11）。

图 7-11　比亚迪“宋 DM”

7.1.3　燃料电池汽车

燃料电池汽车是指以氢气、甲醇等为“燃料”，通过化学反应产生电流，依靠电机驱动的汽车。燃料电池的能量是通过“燃料”的化学反应而不是经过燃烧产生的，燃料电池的化学反应过程不会产生有害产物，因此燃料电池车辆是接近零污染的汽车。燃料电池的能量转换效率比内燃机大幅提高，因此从能源的利用和环境保护方面看，燃料电池技术是一个非常重要的动力电池研究方向。

扫扫看

氢燃料电池是以氢气为“燃料”的燃料电池，应用于汽车具有以下优势：第一，氢资源丰富，唯一排放物是水，洁净环保。可以说，氢燃料是目前最丰富、最清洁的能源。第二，续航里程长。将氢气高压液化储存于氢罐，可以像普通油箱一样为汽车提供充足的续航能力。丰田第二代氢燃料电池汽车 Mirai 续航里程高达 700 km，是目前先进电动汽车的两倍多。第三，加氢时间短。目前以快充著称的特斯拉，充满 80% 的电最快需要 40 min。而氢气加注耗时则短得多，国际标准充氢站氢气装满用时 3 min。

丰田 Mirai 是一款世界知名的量产氢燃料电池汽车，于 2014 年 12 月 15 日在日本正式上市。在 Mirai 新一代燃料电池系统中，发出的电能还需要经过升压变频器的升压才能供给电动机使用，最终输出电压由 2008 年款燃料电池的 250 V 上升到了 650 V。从其发电功率来看，正好可以满足电动机的最大输出需求。

Mirai 还有一个特点，那就是借助车上的电源插口，可以瞬间变身大号的“充电宝”，而它充电的对象可不局限于电子产品。简单来说，即便是家里停电了，借助它的“汽车电站”作用也能使各种家用电器保持正常运行（见图 7-12）。

(a) 丰田Mirai　　(b)“汽车电站”

图 7-12　丰田氢燃料电池车 Mirai 和“汽车电站”

7.2　新旧动能转换——中国新能源汽车的发展

7.2.1　中国新能源汽车发展现状

发展新能源汽车是国家战略。经过 10 余年的研究开发和示范运行，我国新能源汽车行业已经形成从动力电池、整车控制器等关键零部件研发生产，到整车设计制造，以及充电基础设施的配套建设等完整的产业链，具备了产业化基础。

2012 年国务院出台《节能与新能源汽车产业发展规划（2012—2020 年）》，提出了新能源汽车行业具体的产业化目标：到 2020 年，纯电动汽车和插电式混合动力汽车生产能力达 200 万辆、累计产销量超过 500 万辆。此后，国家接连出台了一系列配套补贴优惠政策，这些政策以车辆购置补贴政策为主，包括全国范围内的车辆购置税减免、政府及公共机构采购、扶持性电价、充电基础设施建设支持等，对新能源汽车行业进行全方位扶持。

在国家及地方政府配套政策的支持下，我国新能源汽车实现了产业化和规模化的飞跃式发展。2011 年全国新能源汽车产量仅 0.8 万辆，占全国汽车产量比重不到千分之一；2017 年全国新能源汽车产量已达到 79.4 万辆，占全国汽车产量比重超过 2.7%（见图 7-13）。2018 年第一季度，新能源汽车产销分别达到 15 万辆和 14.3 万辆，同比分别增长 156.9% 和 154.3%。

我国新能源汽车产销量已经连续三年位居全球第一。2017 年，全球新能源汽车总销量超过了 142 万辆，累计销售突破了 340 万辆。而截至 2017 年底，我国新能源汽车累计销量达到 180 万辆，在全球累计销量中占比超过 50%。无论是销量、增速还是全球市场份额，中国均为世界第一。

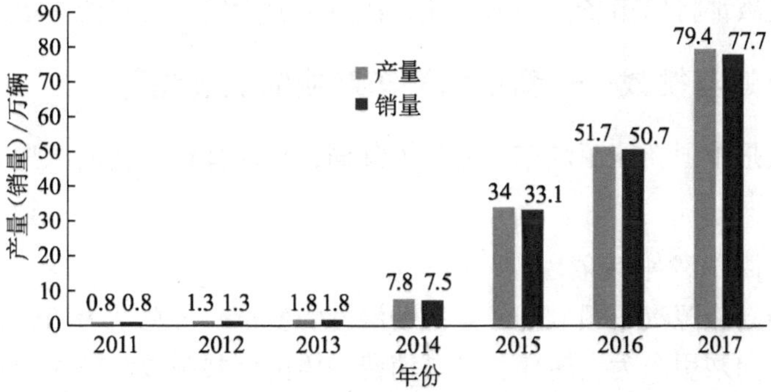

图7-13 我国新能源汽车产销量（2011—2017年）

7.2.2 新能源汽车的政策引导与市场主导

1. 政府支持新能源汽车的重点将放在社会公共政策方面

“十二五”期间，政府对新能源汽车支持力度空前，政策体系基本形成。在扶持新能源汽车发展的政策中，最受人关注的是财政补贴政策。从一定意义上说，当前国内新能源汽车发展主要依靠政府推动，其中巨额的财政补贴成为刺激市场的最强力量。2018年国家出台了补贴退坡政策，未来财政补贴的力度将逐步减弱，直至最后彻底退出。当一个产业进入加速发展阶段后，如果再靠纳税人的钱来扶持产业发展既不符合市场经济规律，也不符合产业发展规律，这一政策选择具有必然性。新能源汽车产业未来将成为新兴的战略支柱产业，自我积累、自我成长、自我壮大、自我提档升级是必由之路。

尽管我国新能源汽车的市场发展迅猛，但新能源汽车产业仍处于发展艰难、不确定因素多、技术和产品尚未成熟阶段，政府对于这一新兴产业的财政支持正在转向全面的社会公共政策支持上，这就是“十三五”期间由政府引导转变为市场主导的含义。

所谓在社会公共政策上的扶持，其形式是多样的，比如国务院明确提出新能源汽车不实行限行限购政策，不少地方政府也在研究减免停车费、过路过桥费等。如果新能源汽车用户能够享有购买的优先权、使用的优惠权，这样的扶持政策对市场的促进作用不亚于财政补贴。类似的政策还包括城市基础交通建设方面向新能源汽车倾斜和优惠，为新能源汽车的发展创造良好的外部环境。

2. 政府主导让位于市场主导

我国“十三五”规划把新能源汽车推广列入国家的重要计划之中，要求提高新能源汽车产业化水平，明确了发展新能源汽车在国民经济和社会发展中的战略定位。为实现这一重要战略定位，政府鲜明提出了市场主导、创新驱动、重点突破、协调发展的工作方针，这其中关键变化是强调由政府主导变成市场主导，即在市场主导下实施创新驱动、重点突破，达到协调发展的目标。

中国新能源汽车准备和起步阶段都是由政府主导的，到了“十三五”新能源汽车产业快速成长阶段市场力量将占据主导位置，以电动汽车为核心，向纯电驱动技术转型，开发电动汽车动力系统技术平台，超前研发下一代技术，完善电动汽车产业链，这些创新发展和突破都将以市场为动力支撑，让市场成为资源配置的决定力量。

7.2.3 机遇与挑战——新能源汽车产业的发展趋势

机遇与挑战是中国新能源汽车产业的关键词，在此背景下新能源汽车产业的发展将会呈现怎样的走向？

1. 市场机制推动产业发展

目前，中国新能源汽车领域正发生一场深刻的变革，可总结为四个转变：一是消费结构由乘商并重向乘用车为主转变；二是消费主体由公共领域向私人购买转变；三是私人消费区域由限购城市向非限购城市转变；四是私人消费由被动接受向主动选购转变。

这四个转变说明市场因素对新能源汽车发展的推动作用越来越大，新能源汽车市场逐步由政策驱动型向市场驱动型转变。

2. 市场规模将持续快速增长

预计2018年我国新能源汽车年产销量将超过100万辆，2020年超过200万辆，到2030年我国新能源乘用车年销量将突破1 300万辆，而新能源大中型客车将成为客车销售主力。2018—2030年，新能源乘用车和新能源大中型客车带来的市场空间将达13.9万亿元。为了跟上新能源汽车发展的步伐，预计在2030年新能源乘用车保有量在接近7 000万辆的情况下，其充电服务对应的市场空间为5 100亿元。表7-1是2015—2030年节能汽车、新能源汽车、智能/网联汽车市场预测。

表7-1 节能汽车、新能源汽车、智能/网联汽车市场预测

	2015年	2020年	2025年	2030年
国内汽车产销量/（万辆/年）	2 460	3 000	3 500	3 800
节能汽车占比		30%	40%	50%
新能源汽车占比	1.35%	7% 10%	15% 20%	40% 50%
智能汽车/网联汽车 （引进的自动化技术和新车配置率）		驾驶辅助、部分 自动驾驶占50%	高度自动驾驶占 10% 20%	完全自动驾驶占 10%

全球范围内，预计2022年新能源汽车年销量将达600万辆（见图7-14）；2030年，全球新能源汽车年销量有望达到1.03亿辆。

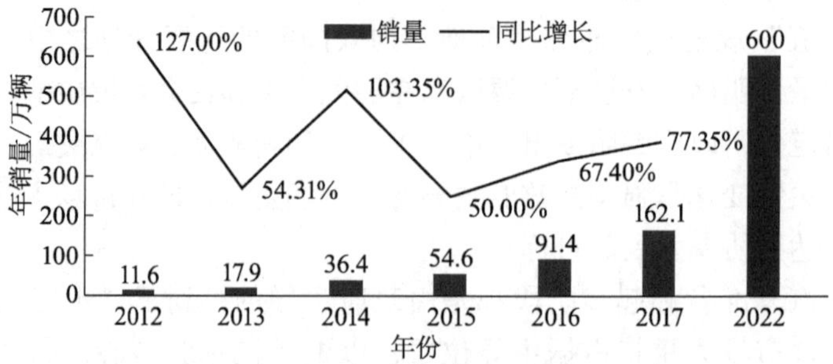

图7-14 全球新能源汽车销量及预测（2012—2022年）

3. 汽车“新四化”技术大势所趋

汽车“新四化”即电动化、网联化、智能化、共享化，这已成为汽车行业公认的未来趋势，不具备“四化”特征便很有可能被淘汰。预计到 2027 年，在新购车用户中，00 后将占 7.2%，90 后占 41.8%，80 后占 35.4%，这几代人是在互联网环境中成长起来的，无网络不生活。因此，汽车必将向高级智能移动“终端”演变，这也意味着新能源汽车将迎来新的高速发展机遇。

扫扫看

4. 行业竞争日趋激烈

此前政府规定外资车企只能通过合资形式进入国内，且持股比例最高不能超过 50%。2018 年 4 月 17 日，国家发改委宣布，取消新能源汽车外资股比限制。2018 年 7 月，美国特斯拉公司签署投资协议，将在上海临港地区独资建厂，项目达到年产量 50 万辆整车生产规模，同时，特斯拉还将独资建设集研发、制造、销售等功能于一体的特斯拉超级电池工厂（Gigafactory 3）。越来越多的新兴造车势力正在进入新能源汽车领域，预示新能源汽车行业竞争将越来越激烈，大浪淘沙的过程已然开始。

习题 7

1. 什么是新能源汽车？
2. 什么是混合动力汽车？混合动力汽车可分为哪些类型？
3. 新能源汽车未来的发展趋势是什么？

第8章

认识汽车

——未来的汽车还是“汽车”吗

△ 汽车不再是 “钢铁游侠”

△ 汽车技术的发展趋势

8.1　汽车不再是“钢铁游侠”

8.1.1　技术创新改变了传统汽车的面貌

目前汽车电动化趋势正在将现代汽车的发动机、变速箱等传统部件逐步淘汰，整个汽车行业开始转向以清洁的电能作为汽车动力源，电动机系统、电子控制系统、电池系统即所谓的新能源汽车“三电”系统成为新能源汽车的技术核心。汽车电动化的同时，网络通信、互联网云技术、大数据应用和人工智能等也融入未来汽车研发领域，使汽车电动化、智能化的结合创新成为发展特征。

关于汽车的发展方向，现在能够看到的是，它不再是原来单一功能的出行工具，而是被赋予新的价值。例如，中国汽车民营企业——吉利控股集团正式宣布旗下 Terrafugia 的飞行汽车于 2018 年 10 月开启预定，首批量产产品将于 2019 年问世。该飞行汽车将搭载由内燃机和电动机组成的混合动力系统，可实现空中续航 640 km。

从传统的车轮加车身式的内燃机驱动到电力驱动，从手动驾驶，到计算机辅助驾驶，再到全自动无人驾驶，数字技术的应用改变着传统汽车的内涵，“驾驶”不再是汽车出行的基本功能和方式，“汽车”除提供更加安全的驾乘体验外，还大大节约了驾驶者的时间与精力。未来的汽车，或将成为可移动的办公和娱乐空间，成为创新数字化服务的新入口。

人们在对未来汽车猜想的同时，不禁会问：未来的汽车还是“汽车”吗？（见图 8-1）

图 8-1　未来汽车猜想

8.1.2 智能汽车的畅想

近年来，计算机信息技术与网络技术经历了跨越式的发展，促进了具有将人的智慧经验与高科技信息技术融合特征的人工智能（AI）技术研究与应用发生了里程碑意义的突破，这些关键技术的发展和应用正在颠覆人们赋予传统汽车的定义。

近年来许多非传统机电行业的公司，开始以他们对汽车的理解和认识“驶入”汽车制造领域，对未来汽车的发展产生极大的观念冲击，如互联网公司的百度、阿里巴巴、谷歌就成立了汽车事业部进行自动驾驶和智能整车的研发生产。这类科技公司在人工智能、无人驾驶系统、计算机算法与系统 UI、大数据与网络通信、物联感知和探测雷达等方面具有强大优势，虽然入局汽车行业时间较晚，但与传统车企由辅助驾驶开始逐渐向无人驾驶过渡的稳扎稳打道路不同，互联网科技企业直接以汽车完全自动驾驶为应用目标，力图实现在技术市场竞争中“弯道超车”。此类科技公司作为“外来者”带来的冲击，也加速了传统汽车企业向智能汽车企业的转型，宝马、福特、大众、丰田等传统汽车厂商也纷纷推出了搭载智能驾驶辅助系统的汽车。

目前，智能汽车还处于“辅助驾驶阶段”，离终极目标“完全自动驾驶”还有很长的过程。但随着汽车产业各个层级间技术的逐步成熟，以及层级间技术联络通道的不断润滑连通，相信在未来可预见的时间里，全自动驾驶将真实地出现在我们的生活中，彻底改变人类未来的出行方式（见图 8-2）。

扫扫看

图 8-2　未来出行方式的猜想

在汽车智能化方面，不同国家和地区定义了不同等级的发展程度，美国汽车工程师学会（SAE）对智能化在汽车上应用程度的 5 个等级划分见表 8-1。根据 SAE 的划分，智能化程度从最低等级的辅助驾驶开始，到车辆能够根据路况完成加减速、转向等操作，到最高等级的完全自动驾驶（无人驾驶）。随着智能化程度的逐步提高，人也从单纯的驾驶中逐步解脱出来，可以说汽车智能化发展应用改变着汽车与人的相互关系，未来人不再单纯是汽车行驶的操作者，这一改变深刻影响着未来人们的出行方式和出行体验。

表 8-1 智能化应用的等级

智能化等级		定义	控制者	监视者	失效应对者	典型工况
人监控驾驶环境	1. 驾驶辅助(DA)	系统根据环境信息执行转向和加减速中的一项操作,其他驾驶操作都由人完成	人与系统	人	人	车道内正常行驶,高速公路无车道干涉路段,停车工况
	2. 部分自动驾驶(PA)	系统根据环境信息执行转向和加减速操作,其他驾驶操作都由人完成	人与系统	人	人	高速公路及市区无车道干涉路段,换道、环岛绕行、拥堵跟车等工况
系统监控驾驶环境	3. 有条件自动驾驶(CA)	系统完成所有驾驶操作,根据系统请求,驾驶人需要提供适当的干预	系统	系统	人	高速公路正常行驶工况,市区无车道干涉路段
	4. 高度自动驾驶(HA)	系统完成所有驾驶操作,特定环境下系统会向驾驶人提出响应请求,驾驶人可以对系统请求不进行响应	系统	系统	系统	高速公路全部工况及市区有车道干涉路段
	5. 完全自动驾驶(FA)	系统可以完成驾驶人能够完成的所有道路环境下的操作,不需要驾驶人介入	系统	系统	系统	所有行驶工况

以1级智能化为例,驾驶辅助系统(DA)是指依靠车载传感系统进行环境感知并对驾驶员进行驾驶操作辅助的系统(广义上也包括网联式驾驶辅助系统),目前已经得到大规模产业化发展,主要可分为预警类系统与控制类系统两种。其中常见的预警类系统包括前向碰撞预警、车道偏离预警、盲区预警、驾驶员疲劳预警、全景环视、胎压监测等。常见的控制类系统包括车道保持系统、自动泊车辅助、自动紧急刹车、自适应巡航等。

美日欧等发达国家和地区已经开始将驾驶辅助系统引入相应的新车评价体系。自2014年起,汽车驾驶辅助技术已经成为获取欧盟新车认证程序四星和五星的必要条件。中国的新车认证也将驾驶辅助系统纳入其评价体系。除引入新车评价体系之外,各国也纷纷开始制定强制法规推动驾驶辅助系统安装。

小贴士

◆智能汽车的“小技能”

① 速度的智能控制:交通管理部门会在某些路段对车速进行强制限制。当车辆通过这些路段时,车辆会接收来自道路交通管理的限速提示,从而自动控制车辆的最高行驶速度,某种程度上减少了道路超速引发的违章和事故的发生。

② 轮胎也变得“聪明”:当轮胎温度过高或者轮胎气压太低时,智能轮胎会及时向驾驶员或车辆发出警告。更为先进的智能轮胎还能感知路面情况,当检测到冰雪路面时,轮胎变软,轮胎与地面的附着力增大;当检测到潮湿路面时,轮胎纹路改变,防止打滑(见图8-3)。

③ 智能化的汽车玻璃：未来的汽车状态信息可以通过智能玻璃实现影像显示，方便车辆驾驶员和乘客观察（见图 8-4）；智能化的顶棚玻璃可以根据光照强度和人的意愿改变透光程度，同时可以吸收利用太阳能驱动部分部件运行和给蓄电池充电。

图 8-3　智能轮胎

图 8-4　智能汽车玻璃

④ 智能安全气囊：智能化的安全气囊可以感受座椅上乘员的身高、体重、位置等来调整安全气囊的膨胀时机、膨胀速度、膨胀程度等，实现对乘客最合理最有效的安全保护（见图 8-5）。

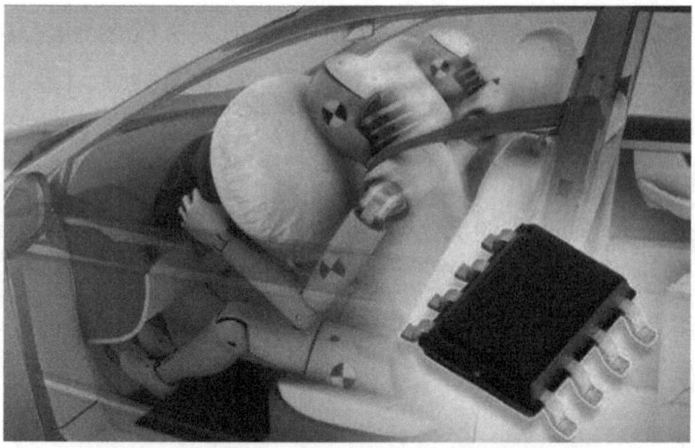

图 8-5　智能汽安全气囊

⑤ 智能声控技术：汽车乘员通过智能声控系统可以让对车辆发出指令，实现对车上影音、娱乐、导航、定位、电话、环境温度等的调节和控制。

8.1.3　网联汽车能带来什么？

随着互联网技术的不断发展及其广泛应用，汽车与互联网的结合也在发生“化学反应”，汽车的网联化成为不可逆转的发展趋势。

SAE根据网联化的程度不同，将网联化划分为网联辅助信息交互、网联协同感知、网联协同决策与控制三个等级（见表8-2）。不同等级代表不同的网联化程度，网联程度越高，汽车与汽车、汽车与人、汽车与后台的信息交互越频繁、融合越深入，可实现的功能也越丰富。

表8-2　网联化等级的划分

网联化等级	定义	控制者	典型信息	传输需求
1. 网联辅助信息交互	基于车—路、车—后台通信，实现导航等辅助信息的获取以及车辆行驶与驾驶人操作等数据的上传	人	地图、交通流量、交通标志、油耗、里程等信息	传输实时性、可靠性要求较低
2. 网联协同感知	基于车—车、车—路、车—人、车—后台通信，实时获取车辆周边交通环境信息，与车载传感器的感知信息融合，作为自车决策与控制系统的输入	人与系统	周边车辆、行人、非机动车位置、信号灯相位、道路预警等信息	传输实时性、可靠性要求较高
3. 网联协同决策与控制	基于车—车、车—路、车—人、车—后台通信，实时并可靠获取车辆周边交通环境信息及车辆决策信息，车—车、车—路等各交通参与者之间信息进行交互融合，形成车—车、车—路等各交通参与者之间的协同决策与控制	人与系统	车—车、车—路间的协同控制信息	传输实时性、可靠性要求最高

汽车网联化改变着未来人们的出行方式，甚至深刻影响着未来的交通系统。汽车、道路、行人等交通参与者都已经不再是孤立的，而是成为智能交通系统中的信息节点。交通网联化究竟会带来哪些改变呢？

① 有效减少交通事故：网联汽车能够实现人、车、路、环境信息的交换，信息交换能够让驾乘者和交通管理者预知潜在危险，及时采取措施避免事故的发生。

② 减少城市道路拥堵：当交通路段发生事故或拥堵时，交通管理中心可以通过车联网指挥车辆通行，同时还可以指挥对事故现场进行及时救援。

③ 提高车辆利用效率：以货运为例，车主最烦恼的事情之一就是空车找配送货源。目前已经有相关企业推出互联网“超级货车”，应用辅助驾驶、智能互联、信息查询等交互功能，实现车辆智能化管理和运营状况监控，解决车辆空载等问题，从而有效降低燃油消耗和物流成本，最终实现货运效率的提升。

小贴士

◆车联网的进展

在美欧日等汽车发达国家，网联化正在进行实用性技术开发和大规模试验场测试。典型代表是美国在密歇根安娜堡开展的示范测试，在美国交通部与密歇根大学等的支持下，Safety Pilot项目于2013年完成了第1期3 000辆车的示范测试，紧接着进行了第2期9 000辆以上规模的示范测试，并建设了智能汽车模拟城市M-CITY

作为智能网联汽车的专用测试场。示范测试得到了车联网技术能够减少80%交通事故的结论，直接推动了美国政府宣布将强制安装车—车通信系统以提高行驶安全性，预计相关强制标准将于2020年左右开始实施。美国交通部在2015年递交国会的报告中预测，到2040年美国90%的轻型车辆将会安装专用短距离通信系统(Dedicated Short Range Communication, DSRC)。

除美国外，欧洲、日本等都开展了大量对车联网技术的研究与应用示范。欧盟eCoMove项目展示了车联网技术对于降低排放和提高通行效率的作用，综合节油效果可达到20%，sim TD项目2014年起开展荷兰、德国、奥地利之间的跨国高速公路测试，验证基于车联网的智能安全系统。日本Smartway系统于2007年开始使用，可提供导航、不停车收费（Electronic Toll Collection, ETC）、信息服务、驾驶辅助等多种功能；基于车—路协同的驾驶安全支援系统（Driving Safety Support Systems, DSSS）2011年开始使用，可以提供盲区碰撞预警、信号灯预警、停止线预警等多种功能。

中国清华大学、同济大学、长安汽车等高校与企业合作，在国家863高新技术研究开发计划项目的支持下开展了车路协同技术应用研究，并进行了小规模示范测试。各汽车企业也在开展初步研究。从2015年开始，在工业和信息化部支持下，上海、北京、重庆等多地都开始积极建设智能网联汽车测试示范区，网联式驾驶辅助系统均为测试区设计时考虑的重要因素。中国华为、大唐等企业力推的车间通信长期演进技术（Long Term Evolution-Vehicle, LTE-V）系统相比DSRC具有兼容蜂窝网、可平稳过渡至5G系统等优势，目前已发展成为中国特色的车联网通信系统，并在国际市场与DSRC形成竞争之势。但国内也存在缺少类似美日欧的大型国家项目支撑、各企业间未能形成合力等问题，导致网联式驾驶辅助系统发展相对较慢。

8.2 汽车技术的发展趋势

目前，未来汽车技术研究的走向呈现以下几个特点：

一是人工智能（Artificial Intelligence, AI）技术在智能网联汽车上的应用将更加深入，深度学习方法以其巨大的优势快速替代传统机器学习方法。

二是智能化与网联化加速融合。智能网联汽车融合了智能汽车与车联网技术，可以提供更安全、更节能、更环保、更便捷的出行方式，是国际公认的未来发展方向和关注焦点。智能汽车隶属于智能交通系统，智能网联汽车则属于智能汽车与车联网的交集(见图8-6)。

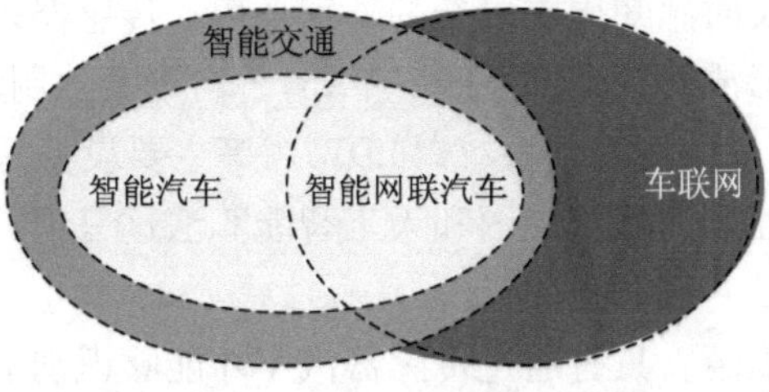

图 8-6　智能汽车、智能网联汽车与车联网的关系

三是高速公路与城市低速区域将成为自动驾驶系统率先应用的两个场景。高速公路的车道线、标示牌等结构化特征清晰，交通环境相对简单，适合驾驶辅助系统的应用。特斯拉汽车自动驾驶就是L1—L2级自动驾驶技术的典型应用。而特定的城市低速区域有利于自动物流运输车、景区自动摆渡车、园区自动通勤车等的自动驾驶应用。

8.2.1　自动驾驶及其关键技术

坐在汽车后面看着自己的汽车自动行驶，相信在电影《蝙蝠侠》《霹雳游侠》《少数派报告》里类似的桥段都不少。如今，自动驾驶（又称无人驾驶或自主驾驶）汽车不再是纯属虚构，能够感知环境、无需人工告知就能自动导航的汽车已经出现在我们的公路上，包括内燃机汽车、电动汽车和燃料电池汽车等不同车型的自动驾驶技术都在开发中。

自动驾驶汽车是一种通过计算机系统实现无人驾驶的智能汽车，它依靠人工智能、视觉计算、雷达探测、监控装置和全球定位系统协同合作，在没有任何人类主动的操作下，自动安全地运行。然而由于传感器的可靠性、系统漏洞等原因，现在试用的自动驾驶技术还不那么安全，如2018年3月的特斯拉自动驾驶致死事件，就是因为系统未识别出危险而造成的。然而人们对自动驾驶技术的热情并未受到影响，汽车自动驾驶技术所涉及的网络技术、人工智能、高精度地图、关键传感器、交通基础设施等成为研究的重点。

1997年美国加州大学伯克利分校的PATH项目完成了自动驾驶车队的全程演示，在长度为7.6 km的路途中没有驾驶员干涉，这成为汽车自动驾驶研究过程中最具有纪念意义的事件，但是由于后期法律的障碍导致该项目被搁置。2009年谷歌（Google）开始在其总部进行自动驾驶试验，截至2016年7月，谷歌试验里程为289万公里，一共出现13起交通事故，大部分为后车追尾事故（谷歌自动驾驶汽车无责），不存在人员伤亡记录。与此同时，美国、日本的车企与互联网企业纷纷投入自动驾驶汽车的研发行列中，包括苹果、优步Uber等企业。

汽车自动驾驶技术是高精尖技术，国内外相关产业都在积极研发并申请技术专利。但是，就当前的状况来看，我国研发汽车自动驾驶技术起步较晚，技术门槛跨越难度较大。

自动驾驶是一项软件硬件相结合的工程。当前汽车自动驾驶技术的核心传感器与控制元件等关键硬件都产自发达国家，例如Velodyne公司的车载激光雷达。汽车行驶过程中，需要通过传感器去实时感知周围复杂的外部环境；传感器采集到的各种信息需要软件进行分析处理，由此形成驾驶辅助系统（DAS）、自动紧急制动系统（AEB）、应急车道辅助系统（ELA）、车道偏离警告系统（LDW）等主要设备系统。对一般自动驾驶汽车而言，通常需要传感器、高精度地图和人工智能算法这三项关键技术的支持。

（1）传感器

传感器犹如车辆的眼睛，只有通过传感器汽车才能够识别道路状况、其他车辆和行人情况、交通设施标识。根据汽车自动驾驶技术不同发展路线，传感器可以分为激光雷达、传统雷达和摄像头三种。

其中，激光雷达由于具有分辨率高的优势，已经成为越来越多自动驾驶车辆的标配传感器。激光雷达一般被放置于汽车车顶上，利用激光脉冲对周边环境进行感知检测，并且结合智能软件来绘制周边环境的三维图，以便为自动驾驶车辆提供丰富的环境信息。单一传感器感知能力有限，不同车载传感器也需要组合使用以获取丰富的周边环境信息和良好的环境适应能力。例如特斯拉所使用的传感器就是传统雷达与摄像头，其工作时主要依靠覆盖汽车周边360°视角的摄像头与前置雷达来识别周边的信息，以保证在自动驾驶过程中交通工具之间不会发生碰撞。虽然传统雷达与摄像头的成本较低，但是对摄像头的识别能力要求较高，若缺少带识别目标特点的数据就会导致摄像头难以识别，进而很容易出现事故。此外，虽然双目摄像头可以对前方物体进行距离检测，但是计算量很大，需要进一步提升计算性能。

（2）高精细地图

高精细地图是指高精度、精细化定义的地图（见图8-7），是车辆重要的环境信息来源。高精细地图精度需要达到分米级才能够区分各个车道，随着定位技术的发展，高精度的定位已经成为可能。而精细化定义则需要格式化存储交通场景中的各种交通要素，包括传统地图的道路网数据、车道网络数据、车道线、交通标志等数据。

目前中国的几大电子地图商都在积极建设面向自动驾驶的高精细电子地图。基于北斗地基增强系统的高精度定位系统也已在中国内地范围内开展应用，将为自动驾驶车辆提供低成本广覆盖的高精度定位方案。

扫扫看

图8-7　高精细地图

与传统电子地图不同的是，高精细电子地图的主要服务对象是无人驾驶车辆，或者说是机器驾驶员。与人类驾驶员不同，机器驾驶员缺乏与生俱来的视觉识别、逻辑分析能力。比如，人可以很轻松、准确地利用图像、GPS 定位自己，鉴别障碍物、人、交通信号灯等，但这对机器来说是非常困难的任务。因此，高精细电子地图是当前无人驾驶技术中必不可少的一个组成部分。

高精细电子地图包含大量行车辅助信息，其中最重要的是对路网精确的三维表征（厘米级精度），比如路面的几何结构、道路标线的位置、周边道路环境的点云模型等。有了这些高精度的三维表征，机器驾驶员就可以通过比对车载 GPS、IMU、LiDAR 或摄像头数据来精确确认自己的当前位置。

此外，高精细地图还包含丰富的语义信息，比如交通信号灯的位置及类型、道路标线的类型，从而识别哪些路面可以行驶，极大地提高了机器驾驶员鉴别周围环境的能力。此外，高精细地图还能帮助无人汽车识别车辆、行人及未知障碍物，这是因为高精细地图一般会过滤掉车辆、行人等活动障碍物。如果无人汽车在行驶过程中发现当前高精细地图中没有的物体，这便有很大的概率是车辆、行人或障碍物。

（3）人工智能算法

人工智能（AI）算法是汽车自动驾驶技术中最为关键的部分。当前汽车自动驾驶研发公司都应用了机器学习与 AI 算法来实现设计目标。无人驾驶技术要实现在复杂环境或不断变化的街道中行驶，需要有很好的感知及决策能力，AI 技术是支持实现高水准的自动驾驶的必由之路。

实现 AI 算法的基础需要海量的数据来支持，而海量的数据则源自于传感器、高精细地图等途径获取的数据，以及收集到的驾驶行为、驾驶经验等数据信息。AI 算法对海量数据进行优化识别，通过建立科学的算法来最终规划自动驾驶线路，实现无人驾驶。

伴随着汽车自动驾驶技术的发展，汽车产业面临重大的结构调整与技术融合。计算机、信息通信和汽车行业之间融合发展的趋势将进一步凸显。汽车自动驾驶技术将成为展现国家科研实力的重要内容，同时也是国家经济发展的潜在增长点。

8.2.2　无人驾驶汽车

无人驾驶汽车是一种智能汽车，本质上也可认为是“轮式移动机器人”，主要依靠车内以计算机系统为主的智能驾驶仪来实现自动行驶。它集自动控制、人工智能、视觉计算等众多技术于一体，是计算科学、模式识别技术和智能控制技术高度融合发展的产物。

未来无人驾驶车辆的主要优势体现在：可大幅减少交通事故数量，为此可能挽救成千上万人的生命；可大幅减少交通拥堵；大幅减少温室气体排放；无人驾驶技术具有更高的成本效益，可极大改变消费者的“出行习惯”，降低购车意愿。据估计，一旦采用无人驾驶汽车，美国汽车保有量最高将下降 43%；将使高速公路容纳汽车能力提高 5 倍，公路上只需要目前汽车数量的 30% 就可实现当前的交通流量。

但现阶段无人驾驶技术的风险和缺点也需要考虑：受使用环境和天气因素影响，目前Google的无人驾驶汽车试运行都是在有限的条件和环境下完成的；网络故障和系统故障将严重影响无人驾驶车辆的运行；车主、汽车制造商、软件开发商、云服务提供商、GPS网络服务提供商等相关主体都参与无人驾驶的系统运行，一旦发生事故，很难划清责任，对于谁该对自动驾驶汽车事故负责，目前没有先例可参考。另外，信息安全问题也十分令人担忧，无人驾驶系统载有包括车主信息在内的多种信息，而这些信息一旦被黑客获取，黑客甚至可以远程控制自动驾驶的车辆。

8.2.3 无人驾驶技术的研究进展

1. 国外无人驾驶技术的研究

2005年，由Google工程师领导的一个由斯坦福大学教师和学生组成的团队设计出斯坦利机器人汽车。该车在沙漠中行驶超过132英里，在美国国防部高级研究计划局（DARPA）举办的第二届挑战大赛中夺冠。

2012年4月，Google联合NASCAR计划将自己的无人驾驶汽车与真正的赛车放在一起比试，试图证明机器人比人类驾车技术更高。不过，在正式加入NASCAR之前，他们的无人驾驶汽车还需要经过各种检测才能最终驶向NASCAR的赛道（见图8-8）。

图8-8 谷歌无人汽车

2016年10月，美国Uber公司旗下Otto的一辆18轮Volvo半挂货运汽车，载着5万瓶百威啤酒，配上数十个摄像头和大量传感器，在一个驾驶员的陪同下靠自动驾驶系统行驶，完成了从科罗拉多州科林斯堡途经丹佛市中心，最后抵达科罗拉多斯普林斯的首次商业货运（见图8-9）。

欧洲的无人驾驶车辆技术在世界上处于领先水平。早在2014年，奔驰公司就在德国进行了卡车无人驾驶的测试，并于2015年在美国拿到了允许上路的牌照。2016年，奔驰公司让旗下3辆自动驾驶卡车上路，安排它们从斯图加特前往荷兰鹿特丹执行任务。

德国在无人驾驶车辆及其相关领域进行了很多科学研究工作，如PROMETHEUS计划和PREVENT计划。PROMETHEUS计划是欧洲在无人车研究领域最大的项目，1994年项目组研制的VAMP和VITA－2机器人车辆在法国的高速公路上行驶了约1 000 km。欧盟对 PREVENT 项目的总资金预算超过了 5 500 万欧元，总共有 50 多家公司机构参与该项目。

图 8-9　Otto 的无人驾驶汽车

在英国，第一辆无人驾驶汽车 Lutz Pathfinder 于 2015 年 2 月亮相，旨在帮助乘客、购物者和老年人短距离出行。该车的道路测试将逐渐推广到英国其他城市。

2. 中国无人驾驶技术的研究

1980 年，中国立项“遥控驾驶的防核化侦察车”项目，由北京理工大学、国防科技大学等五家单位联合研制成功了 ATB－1（Autonomous Test Bed－1）无人车，这是我国第一辆能够自主行驶的测试样车，其行驶速度可以达到 21 km/h。

从 2001 年开始，国防科技大学与一汽合作研发自动驾驶汽车；2003 年研制成功的自动驾驶红旗 CA7460 在正常交通状况的高速公路上，可根据前方障碍车辆的情况自动进行车道变换；2006 年研制出第二代自动驾驶车辆红旗 HQ3。

扫扫看

2009 年，首届中国“智能车未来挑战赛”在西安举行。

2015 年 8 月，宇通无人驾驶客车从郑州郑开大道的城铁贾鲁河站出发，在完全开放的道路环境下完成自动驾驶试验，共行驶 32.6 km，最高车速达 68 km/h，全程无人工干预。这也是国内首次自动驾驶试验，目前已经开始载人测试。

2016 年 6 月 7 日，由工信部批准的国内首个“国家智能网联汽车（上海）试点示范区”封闭测试区正式开园运营（见图 8-10），意味着中国的智能联网和无人驾驶汽车从国家战略高度正式进入实际操作阶段。

图 8-10　国家智能网联汽车（上海）试点示范区

小贴士

◆无人驾驶汽车的未来畅想

2020年：具有半自动驾驶功能的汽车将能够在交通信号灯、十字路口和走走停停的交通路况中进行导航，这意味着汽车开始在没有行人的路面上自动驾驶。

2020—2023年：半自动驾驶功能可以在更多的环境中（如雨天和夜间）行驶，但这不太可能应用在城市街道中，而更可能实现在长途行驶上。

2025—2030年：半自动驾驶功能将继续升级，但研究的重心已经向全自动驾驶汽车转移。

2030年：汽车制造商将停止生产不具备高度自动化功能的汽车。

如果预期正确，那么越来越多的人将依赖于自动驾驶服务，个人汽车拥有率大幅下降，这将进一步激发汽车厂商的研发热情。与此同时，手动驾驶将逐渐被限制在比赛场地或测试场地等区域。驾驶自己的车将成为一种兴趣爱好或奢侈享受。

2045—2050年：一种汽车产品的生命周期大约是15年，因此，假如汽车厂商从2030年开始只生产全自动驾驶汽车，在2045年之前（或更晚），街道和高速公路上将存在由手动驾驶汽车、半自动驾驶汽车和全自动驾驶汽车组成的混合车流。为此，交通监管、安全标准甚至保险行业须提前准备和做相应的改变。城市也将发生巨大的变化，人行道或因行人与汽车共享道路而不复存在，也不再设有街道停车场，有的只是远离城市中心的大型停车库。交通信号等基础设施也许已经消失，取而代之的是更小、更廉价的设备，只需要与汽车通信即可，而“驾驶员”这个词或许已经被人遗忘。

习题8

1. 目前大规模推广智能网联汽车有哪些难度？
2. 智能网联汽车会对人们的生活带来哪些改变？
3. 无人驾驶汽车的实现要解决哪些技术问题？
4. 无人驾驶汽车将对人类的出行带来哪些改变？
5. 请列举目前主流的无人驾驶汽车公司和车型。

参考文献

[1] 蔡兴旺. 汽车概论. 第3版[M]. 北京:机械工业出版社,2017.
[2] 帅石金. 汽车文化. 第2版[M]. 北京:清华大学出版社,2011.
[3] 陈新亚. 汽车为什么会跑[M]. 北京:机械工业出版社,2015.
[4] 陈家瑞. 汽车构造(下)[M]. 北京:机械工业出版社,2000.
[5] 王望予. 汽车设计[M]. 北京:机械工业出版社,2004.
[6] 张富建,邓忠华[M]. 北京:人民邮电出版社,2017.
[7] 汽车百科全书编纂委员会. 汽车百科全书[M]. 北京:中国大百科全书出版社,2010.
[8] 黄朝晖,周辉. 汽车颜色研究与趋势分析[J]. 艺术与设计(理论),2010(08).
[9] 崔心存. 现代汽车新技术[M]. 北京:人民交通出版社,2001.
[10] 成洁,崔同杰. 汽车主动安全控制新技术林林总总[J]. 汽车应用,2005
[11] 聂佳梅. 车辆被动悬架技术发展新方向[J]. 车辆与动力技术,2012(2).
[12] 杨启耀. 电控空气悬架的应用现状和关键技术[J]. 拖拉机与农用运输车,2008(4).
[13] 张兰江. 基于Matlab/Simulink汽车驾驶员电动座椅控制系统的仿真设计[J]. 湖北汽车工业学院学报,2008(3).
[14] 彭昕. 我国汽车空调技术的应用及发展现状[J]. 制冷空调与电力机械,2011(3).
[15] 晋兵营. 汽车电动助力转向系统发展综述[J]. 拖拉机与农用运输车,2010(1).
[16] 王庆年. 用于电动轮驱动汽车的差动助力转向[J]. 吉林大学学报(工学版),2009(1).
[17] 单绍柱. 无线倒车雷达与TPMS的系统设计[J]. 制造业自动化,2010(6).
[18] 李俄收. 现代汽车前照灯控制系统综述[J]. 拖拉机与农用运输车,2010(4).
[19] 王新生,孙强,刘佳. 我国汽车自主品牌的国际化研究[J]. 经济问题探索,2008(2).
[20] 节能与新能源汽车技术路线图战略咨询委员会,中国汽车工程学会. 节能与新能源汽车技术路线图[M]. 北京:机械工业出版社,2016.
[21] 李克强,戴一凡,李升波,等. 智能网联汽车技术的发展现状与趋势[J]. 汽车安全与节能学报,2017,8(1).
[22] 杜亮,王海涛. 汽车自动驾驶及其发展[J]. 信息与电脑,2018(1).
[23] 陈延寿. 无人驾驶汽车研究动向[J]. 汽车与配件,2017(6).

参考文献